洞察人心：
实现自我驱动的组织变革

【日】松冈保昌 ◎ 著

胡玉清晓 ◎ 译

林　琳 ◎ 审校

中国科学技术出版社
· 北　京 ·

Original Japanese title: NINGENSHINRI WO TETTEITEKI NI KANGAENUITA
'TSUYOI KAISHA' NI KAWARU SHIKUMI
Copyright © Yasumasa Matsuoka 2020
Original Japanese edition published by Nippon Jitsugyo Publishing Co., Ltd.
Simplified Chinese translation rights arranged with Nippon Jitsugyo Publishing Co., Ltd.
through The English Agency（Japan）Ltd. and Shanghai To－Asia Culture Co., Ltd.

北京市版权局著作权合同登记　图字：01-2020-6895。

图书在版编目（CIP）数据

洞察人心：实现自我驱动的组织变革 /（日）松冈
保昌著；胡玉清晓译 . —北京：中国科学技术出版
社，2021.5
　　ISBN 978-7-5046-8990-0

　　Ⅰ. ①洞… Ⅱ. ①松… ②胡… Ⅲ. ①企业管理
Ⅳ. ① F272

中国版本图书馆 CIP 数据核字（2021）第 042107 号

策划编辑	申永刚　许云峰　陆存月
责任编辑	杜凡如
封面设计	马筱琨
正文排版	锋尚设计
责任校对	张晓莉
责任印制	李晓霖

出　　版	中国科学技术出版社
发　　行	中国科学技术出版社有限公司发行部
地　　址	北京市海淀区中关村南大街 16 号
邮　　编	100081
发行电话	010－62173865
传　　真	010－62173081
网　　址	http://www.cspbooks.com.cn

开　　本	880mm×1230mm　1/32
字　　数	180 千字
印　　张	11.125
版　　次	2021 年 5 月第 1 版
印　　次	2021 年 5 月第 1 次印刷
印　　刷	北京盛通印刷股份有限公司
书　　号	ISBN 978-7-5046-8990-0 / F・920
定　　价	69.00 元

推荐序

　　我很高兴有这样的机会向国内的读者介绍20年前我的领导松冈先生的新作《洞察人心：实现自我驱动的组织变革》。本书自2020年在日本出版以后，旋即登上日本各类经管书榜单的榜首，一年间已经增印数次。在此也非常感谢中国科学技术出版社的编辑和翻译人员专业高效的工作，使得本书中文版能与中国读者见面。

　　本书是松冈先生在组织能力建设方面的理论和实践经验的总结，尤其是关于迅销的组织变革部分，我作为亲历者有着深刻的感受。20年前，迅销正处在日本东京证券交易所上市不久，爆款摇粒绒掀起旋风，知名度和销售额急速抬升的大破大立时期，在经济处于平台期的日本，这样急速成长的公司受关注程度不亚于今天国内的IT巨头。当时的公司拥有来自各行各业的年轻精英，这在注重资历和干部内部培养的日本企业中可谓别具一格。松冈先生也是在这个时候从瑞可利的人事组织咨询部门，以执行董事兼人事部部长的身份加盟迅销集团。

当时他的任务是从人和组织的角度支持企业转型。2000年前后不但是迅销开始进军中国零售市场，也是它致力于强化制造零售业商业模式的时候，而当时价值链上游的生产工厂大部分都在中国。因此松冈先生对中国的业务非常重视，初期也曾亲自参加管培生的招聘和培训以及中国分公司的人事制度架构设计。至今，还有第一期的管培生记得松冈先生当时笑称自己可能是日本上市公司中第一个来中国培训新人的人事部部长。

松冈先生告诉大家，同样身为连锁服装行业，我们与其他品牌的区别是什么、秉持的理念是什么、支持该理念的商业模式又是什么。在迅销看来，服装只是零件，人们穿衣服是在搭配零件。如果服装的个性太强会让人觉得是"衣服穿人"，而不是人穿衣服。

管培生在公司浸润式的培养中，渐渐理解品牌的独特主张并推敲出意为"优质衣服的仓库"——优衣库这个中文名，因这一名称被经营层采纳而获得一万元人民币的重金奖励。

那时，公司做过一些宣传页。在宣传页上三位中国事业部领导人年轻的脸庞底下有一行字，大意是优衣库要成为中国国民品牌。记得当时自己对此还将信将疑，而这在今天已经很大程度成为现实，我也真心为后来的伙伴们的成就点赞。

回到本书内容，松冈先生从始至终都在强调要建立机制、制度、措施这些架构。这也是我当年的实际感受，我们在努力改变和搭建这个公司的底层操作系统。这其中有人事制度重建等刚性的部分，但更难的是改变人的意识这个柔性的部分。在中文语境中，机制、制度、措施略显理性，因此建议读者在阅读的过程中仔细体会作者如何建立感性的机制、制度、措施，最终推动组织变革的过程。

例如，本书提到的"店长大会"就是一种意识变革机制，其形式与现在国内企业的跨年演讲颇有几分类似。在店长大会上，公司第一次将一线员工的工作展现在大家面前——他们在各自的职场中遇到什么问题，他们如何努力解决这些问题等，此时理性的数字目标和经营方针被转化成感性的场景，抽象的部门名称被还原回团队的真实故事。这个过程直击人心，大家看到的是由价值链上的一个个"我"汇集成的"我们"，并最终以商品的形式呈现在门店的整个形象中。至今，我在门店里拿起商品的时候都能体会到那种感动。

除了处于价值链下游的店长大会，还有面向上游的工厂大会。当时的工厂大会一般在外包工厂最多的中国举行，其目的是促进迅销的经营层与协力工厂的经营层达成对未来的共识。即使是现在，没有资本关系的协力工厂或经销商管理对很多企业也并非易事，但20年前我们就将打造血肉相连的组织这一实践从公司内部延展到外部，现在回想起来我依然感到自豪。

作为中国方面的人事负责人，初到日本东京总部时，有段时间我并没有具体的工作，而是完全跟随松冈先生，旁听他参加的大小会议。在这样沉浸式的学习以及后来合作的过程中，我深刻感受到了他的专业精神。我从他身上学到的两点，让我受益至今。

一是处理好自己与企业的关系。松冈先生在书中也提到：我们要在公司提供的舞台上，进行自己与公司的价值交换，并在工作中体验自我成长的快乐。多年以后的现在，作为管理咨询顾问的我也经常与客户分享这样的工作观，并时刻询问自己为客户提供了什么样的价值。

二是在商业组织中要牢记我们"不是要驱动他人，而是要创造让他人自我驱动的环境"。20年前，还没有"敏捷转型"之说，"赋能"和"组织发展"这些词也远没有今天这样的热度，但这些正是我们当时的努力方向。人事工作深入工厂和门店，成为打通价值链的连接销；人事连接起经营层和一线，成为组织的传送带；最终成就支持理念和核心竞争力的组织能力。

我在这个过程中体验到了让组织动起来的乐趣，进而对经营产生浓厚兴趣并进入日本早稻田商学院学习，现在的我在管理咨询实践中被称为懂经营者的顾问也正是受益于那段经历。

在对内资企业提供管理咨询服务的过程中，我经常能看到由各路"空降兵"构成的"散装"组织。在行业红利殆尽的今天，打造具有自己特点的独特组织能力已经成为企业的共同课题。我也一直在与顾问同行和经营者们共同摸索适合当下的组织能力解决方案。我在这几年阅读了200余册有关组织发展方面的图书，发现大部分图书或者偏重理论或者偏重工具，有体系的参考案例并不多见。而松冈先生的这本书系统地总结了迅销迈向全球企业时的组织变革经验，相信能为更多与我有同样问题意识的商务人士提供参考。

最后，20年前并肩战斗的老同事以及管培生若有缘看到此文请与我联系，我也衷心期待对组织变革感兴趣的读者与我们进行交流。

林琳　上海

2021年2月

linlin@fuji.waseda.jp

前言

——不驱动他人，而是为他人创造自我驱动的环境。

"企业如何改变？企业能够被改变吗？"

这恐怕是众多企业经营者、领导，甚至对企业不满的员工都会思考的问题。对此我的回答是：改变企业机制和制度，并采取与之相适应的措施，这样一定能够有所改善。然而，没有任何一家企业拥有万能的机制、制度。

就职于瑞可利集团（Recruit）[1]期间，我一直在思考所谓的组织战略是什么。后来我在迅销集团（Fast Retailing）、软

---

[1] 瑞可利集团的业务范围很难概括，包括人才派遣、人才介绍、媒体等众多领域。作者将在"代表企业社会价值的社外规范"章节中以"消除信息的不对称"为关键词说明其商业模式。——译者注

银集团（SoftBank）这样的顶尖企业从事组织变革、新业务开发等工作，现在我是一名经营顾问。可以说，迄今为止我已经见过了数不清的企业经营案例。

作为经营顾问，我常被问到这样的问题："有可以学习的关于组织变革的书吗?"

对此，我总是这样回答："值得学习的书有很多。但是，实际上也可能没有。"

市面上已经有很多介绍企业成功实践并取得成果的组织变革成功案例的书。因此听到这样的答案，提问者通常会露出不可思议的表情。

然而，实际上能从这些书中受益的企业并不多。我这样回答的真正意思是，虽然有很多介绍企业成功案例的书，但企业应当从中筛选出自身需要学习的部分、没必要学习的部分、学习之后反而会给企业带来负面影响的部分。缺失这种辩证的观点则无法活用书中内容。如果是需要学习的内容，又应当如何学习呢？企业需要具备辨别上述问题的能力。

本书的目的正是向读者传达这样的观点，掌握之后你对组织变革也会有全新的认识。毫无疑问，届时市面上众多关于组织的书也将成为你的一座座知识宝库。

书中介绍了大量我在瑞可利集团、迅销集团、软银集团三家企业的工作经验。它们是为社会持续输出巨大价值、最具代表性的日本企业。其共同点在于它们都是不断适应时代变化的优秀企业。可以说，它们成功的背后是创建企业的成熟机制，以及将决定的事情贯彻到底的决心。

只是，虽然同为优秀企业，它们各自的商业模式和组织战略却截然不同。企业的组织架构、信息共享机制、决策方法、执行时部门间的合作模式、考核指标……最重要的是企业应有的组织形式完全不同，然而很多人并不理解这一点。

从组织架构来看，瑞可利集团将所有的科室都看作利润中心（产出利益的部门），在工作上赋予它们极大的自由度。当然，违背法律和伦理的事情是不允许的，但若是为了实现关于工作的构想，则可以随心所欲地尝试各种方法。

可以大胆放权给一个十人左右科室的小领导，让其自由地发起挑战。"如果各个利润中心都能盈利，那么作为它们的集合体，公司的利益也一定能得到保障。"这种简单的想法就是瑞可利集团这样做的基本出发点。

"很多关于领导力的书中写了一头狮子领导一百头羊的

方法。但我认为，我无法成为狮子，但可以做一只管束一百头狮子的羊。让一百头狮子尽情活跃，如果能够做到这样不也很好吗？"这是瑞可利集团创始人江副浩正先生在公司内部刊物上所发表文章的主旨。

每个利润中心都是由狮子率领的。"创造改变自我的机会吧！"这些狮子们正是抱着这样的理念管理手下，持续为社会输出价值。为了社会和客户，带队者会主动向高难度工作发起挑战。让这样的状况自然发生，正是瑞可利集团关于组织的企业文化的最大特征。

在这样的环境中，个体实力无论如何都会增强。狮子们也会争夺地盘。也就是说，公司内部同样存在很多竞争。但是这样也会反过来促进公司的新陈代谢，催生新想法。正因为有这样的机制、制度与措施，瑞可利集团才有如今的强大。

然而，因优衣库的品牌而被熟知的迅销集团则拥有完全不同的企业文化。常规的服装零售商只进货及销售，但迅销集团并不这样。它致力创立从产品策划、制造到销售全程都由企业自己负责的制造零售业，并最终实现了这个目标。

制造零售业的模式是由能够准确抓住消费者需求的零售业者自主策划产品，并将产品生产委托给制造工厂，生产的产品作为本公司的原创产品来销售。该模式下产品售罄时企业会获得高额利润，若是没有售完，企业则会蒙受巨大损失。

为了开创这样高风险、高回报的制造零售业，企业内部各部门之间不应该互相排斥。迅销集团不能照搬瑞可利集团的利润中心化管理模式。而是需要打通各部门，让组织成为一盘棋。

瑞可利集团和迅销集团的商业模式大相径庭，瑞可利集团的机制、制度与措施并不适用于迅销集团。因此，迅销集团必须制定自己独有的机制、制度与采取相应的措施。这样一来，自然就形成了两种完全不同的企业文化。各企业的工作方式不同，侧重点不同，价值观自然也就不一样。

在大部分人的印象中，软银集团由董事长孙正义先生自上而下做出各项决策。这种说法不见得是错误的，但实际上孙先生经常和公司主要部门的领导班子开展头脑风暴，吸收好的点子，并时常钻研企业战略。让他人的头脑为自己所用，同时不断输出一些奇思妙想，这是软银集团强大的表现之一。

此外，极强的执行力也是软银集团的一大特征，企业具有贯彻执行各项指示并坚持到底的能力。例如，改变业务结构之际，做出决策后的两天内就得以在全日本范围内推行，这是一般的大企业无法做到的。不夸张地说，软银集团的强大之处在于即使不眠不休也要坚持做自己认为必要的事情。

在软银集团，员工对企业经营的信赖度与认同度极高，我在职期间也是如此。根据企业内部员工的满意度调查，员工对企业经营的信赖和认同相关的项目得分很高。大部分员工认为，自己也共同参与了孙正义先生所描绘的发展蓝图。其实，软银集团已经形成了这样的信赖关系：自己也无法判断上级的决定是否完全正确的时候，依然会选择相信上级并全力执行。这并非勉强他人做事，而是激发员工的自主性。这种信赖关系的好处在于能够快速响应变化，这也成为软银集团的优势。

在此我想说的是，瑞可利集团、迅销集团和软银集团三家企业的特点不同，各自应该采用的战略也不一样。完全模仿其他企业的做法是行不通的，由于不加变通地原样照搬已有的成功经验而导致失败的例子不胜枚举。成功案例备受推崇，失败案例则鲜少有人关注。迅销集团在制造零售业上取得成功的时候，很多服装企业也开始进军这一行业，但最后大多是无疾而终。这也在很大程度上说明了单靠模仿无法取得真正的成功，其原因在于这些企业只看到了高回报，却无法建立让风险最小化的机制。

在此我还想预先说明，本书中作为具体案例出现的迅销集团已处于营业额从 800 亿日元猛增至 4000 亿日元而广为人知的时期。这一阶段的组织变革支撑了迅销集团在该规模下的迅速成长，理应成为众多企业的参考。本书选取的正是这一时期的案例。只是，为了不让读者产生误解，在此还是简单介绍一下迅销集团现在的情况。目前，迅销集团在全球范围内全面铺开店铺，营业额超过 2 万亿日元。此外，迅销集团还致力解决社会问题，提出了"不生产无用的商品、不运输无用的商品、不销售无用的商品"的口号，秉持 LifeWear（服适人生）的品牌理念，为提供简单、高品质和功能卓越的所谓"极致的日常服装"，在商业模式上下足功夫。本书中出现的被称为"制造零售业"的商业模式，如今也已经进化为采用了包括人工智能在内的最前沿信息技术的"信息制造零售业"。由此可见，迅销集团的确是在适应时代变化的同时不断增强自身实力。

本书的某些地方并未写出企业的真实名称，而是使用了"FR 公司"这样抽象的表达使其模式化。我认为，与其过分追求精确性，向读者传达包括前提、例外情况等在内的庞大信息，不如通过模式化的手法来使信息传达得更加便捷，以便读者更好地理解机制、制度与措施的必要性及效果。另外，在企业管理和项目运营过程中，由于参与者各自的视角不同，对事实的认识和解释也多少会有一些差异。本书是从我个人的视角出发，将一些细枝末节抛开，把本质的部分模型化以后的结果。希望这样能够帮助各位读者更容易理解内容，也欢迎各个大学及商学院的老师将其用于案例教学。下面简单介绍一下本书各章的主要内容。

第一章揭示了很多企业会陷入的一个误区，即只要照搬其他企业的成功案例，就能顺利开展工作（只是单纯照搬，甚至没有留意到对方企业已经对此进行了变革）。在此基础上说明企业组织变革的三大根本问题，即找到最适合本公司的企业理念、核心竞争力以及机制、制度与措施。

第二章介绍了作为企业组织诊断指南的"七大视点"。此外，本章将通过瑞可利集团的案例来说明机制、制度与措施在组织方面的效果。

第三章介绍了企业实际经营顾问工作中运用到的，并且适用于任何企业的"成为优秀企业的思考框架"及其具体的实现过程，以此来帮助企业找到适合的机制、制度与措施。

第四章通过实践机制、制度与措施来介绍组织的变化过程。本章通过"FR公司"这一模式化案例来加以说明，希望各位读者能够带着真实感去体会。

第五章讲述了优秀企业都并非一朝一夕成就的，它是日常沟通不断累积的产物。本章以瑞可利集团、迅销集团和软银集团三家企业的会议为例为读者揭晓优秀企业的成功奥秘。

最后，本书附录介绍了能够作为"洞察人心的工具"的相关理论，这些理论能够帮助企业实现组织变革。

希望广大读者在读完全书后能感受到企业的机制、制度与措施不应该强加给员工，而是应该让员工自觉遵守。希望读者能够带着"不驱动他人，而是创造他人自我驱动"的意识阅读本书。如果本书能够帮助各位读者理解企业组织变革的本质，抑或企业管理过程中洞察人心的重要性，我将倍感荣幸。

目录

第1章 照搬其他企业的成功案例是行不通的
——组织变革通过企业理念 × 核心竞争力 × 机制、制度与措施实现

不适合企业的机制、制度与措施毫无意义 _2

不适应企业核心竞争力的机制、制度与措施 _5

强化核心竞争力的机制、制度与措施掌握企业命运 _9

企业理念、核心竞争力及机制、制度与措施三位一体 _12

通过实现企业理念壮大企业 _16

企业理念引导员工自主工作 _18

代表企业社会价值的社外规范 _21

社内规范是企业独有的理想行动指南 _26

社外规范与社内规范伴随企业成长不断演进 _35

不认可社内规范与社外规范，员工无法认真工作 _39

不同成长阶段下企业适合的机制、制度与措施也不同 _41

自上而下？自下而上？ _47

优秀创业者能在具象与抽象之间瞬间转换 _52

组织战略不仅是人才开发，而是以组织开发的视角思考问题 _56

专栏❶ 从软银集团董事长孙正义先生处学到的信息收集机制 _60

第2章 企业理念与核心竞争力不同，需要的机制、制度与措施也不同

将经营战略与组织战略作为整体来考虑的组织诊断七大视点 _66

瑞可利的机制、制度与措施带来的启示 _91

组织服从战略？战略服从组织？ _109

专栏❷ 从迅销集团柳井正先生处学到的"成功与失败的分水岭" _112

第3章 成为优秀企业的思考框架
——找出问题和优势，制定企业需要的机制、制度与措施

找出企业的问题和优势，导向理想企业文化的思考框架 _118

全面挖掘优秀企业文化与不良企业文化 _121

摒弃先入为主的观念，以 KJ 法整理课题 _129

从心理层面深入思考为何采取这样的行动 _134

不拘泥于现状，想象理想企业文化 _137

实现理想的方法源于跳跃性思维 _140

FR 公司的组织变革也始于课题筛选 _143

第4章 优秀企业的机制、制度与措施
——案例学习"FR公司的组织变革"

企业内部要解决的课题堆积如山 _153

打破本部门主义壁垒，迈向全公司共享 _161

明确宣布"我们需要什么样的人"_170

权力下放的大前提——拥有相同的价值观与评估标准_177

提供给予机会的人事制度和职业规划_186

促进员工自主分享信息的"流动型知识管理"_197

考核制度是来自经营的最强信号_202

思考如何让表彰效果最大化_214

要固化机制、制度与措施就要树立典型_218

机制失效时找到行不通的真正原因_226

向发展的组织转变_231

专栏 3 为实现人与企业的价值交换,日本企业首次引入"优衣库型 401K"_237

支撑企业强大的幕后主角是沟通机制

对视野与视角和影响范围的理解是沟通的前提_242

企业的强大与会议质量密切相关_248

把握目的和特征，熟练运用 3 种会议 _254

以信息共享为目的的会议需要具备什么 _257

以得出结论为目的的会议需共享推论过程 _263

以发散思维为目的的会议（头脑风暴）需要组织者 _270

有效推进会议的首要原则 _281

思考层次与成果随着日常沟通质量变化 _283

附录 挖掘制定洞察人心的组织战略的 5 个源头

组织变革离不开追随者 _291

使个人动力最大化 _300

不满多来源于尊重需求未得到满足 _305

点燃作为主体性源头的内在动机 _314

实现组织变革的变革管理 _320

后记

通往成功的剧作能力决定成果_330

第 **1** 章

照搬其他企业的成功案例是行不通的

———

组织变革通过
企业理念
×
核心竞争力
×
机制、制度与措施
实现

不适合企业的机制、制度与措施毫无意义

要成为能够适应时代变化的优秀企业，必须创造让员工自主工作的环境和机制。在商业书籍、杂志或其他报道中介绍的各类企业的成功案例中不乏优秀案例，这些都可以作为参考。只是，很多企业经营者和经营层读了这样的报道和书籍后，便对人事部门的员工下达指令："这上面写的案例好像挺不错的，我们也这样做吧。"因为他们认为，倘若照搬其他公司的成功经验就能成功。然而，如果不充分理解并研讨本公司的商业模式和作为自身强项的核心竞争力，不学习该成功案例在组织战略层面的制度、机制及采取的相应措施，非但不能成功，还可能导致失败。通过践行其他企业的成功事例，自家企业真的能变强吗？这个问题值得探讨。

所谓商业模式，是指与能够盈利的产品与服务相关的经营策略与利润结构。通俗来讲就是"对象是谁？提供什么样的产品和服务？从谁那里收钱？如何盈利？"等问题。

核心竞争力是指管理学者普拉哈拉德[1]和加里·哈默[2]在《公司核心竞争力》（*The Core Competence of the Corporation*）一书中提出的"为顾客提供其他公司无法提供的本公司独有的价值，隐藏在公司内部的独有的技能和技术"。对本书中所提到的核心竞争力，读者可以有更广义的理解，也可以理解为"企业战胜竞争对手的关键"。

企业经营者和经营层需要在了解自家企业商业模式的基础上，不断分析企业的核心竞争力是什么，强项和弱项是什么，并持续思考现有的企业战略能否适应市场和外部世界的变化，以及是否需要改变战略。

以制造企业为例，如果能够发掘企业的核心技术并适应时代变化，凭借这一点，企业在竞争中持续获胜的概率便会增加。若是没有找准企业的核心技术则会导致失败。

这里有一个适应时代变化的有名案例：率先察觉到胶卷行业衰退的富士胶卷公司应用制造相机胶卷培养起来的核心

---

[1] C.K. 普拉哈拉德（C.K. Prahalad，1941—2010 年）：核心竞争力理论的创始人之一，国际上公认的公司战略和跨国公司管理领域的专家。——译者注

[2] 加里·哈默（Gary Hamel）：世界一流的战略大师，当今商界战略管理的领路人。——译者注

技术和知识资产，在半导体工业材料等工业器材和化妆品、医疗等多个领域全面开花，并取得了不错的成果。

即便处在同一行业，不同企业其核心竞争力也不一样。正因如此，有必要引进能够发挥企业优势的组织战略及该战略下的机制、制度，并采取与之相适应的措施。

如果不在理解企业核心竞争力的基础上创建与企业商业模式和企业文化相适应的机制、制度并采取措施，则无法取得成效。下文要谈的就是一个典型的误判企业核心竞争力的例子。

不适应企业核心竞争力的机制、制度与措施

接下来将介绍一个我担任经营顾问时的案例。由于经营咨询有保密义务，因此我不会特指某家企业，而是采用模式化的方法来做介绍。这样讲解更简单，也更便于读者理解。

有一家以小城市为中心开店铺的手机销售公司。这家公司过去委托某家组织人事咨询公司，并从该咨询公司引入了人事制度。引入的人事制度在短期内并没有产生问题，也发挥了一定的作用。但随着经济的衰退，各公司间的竞争日益激烈，这家公司的销售额急剧下降，员工也开始抱怨。因此，这家公司向我咨询，希望我能帮助他们找出其人事制度的问题所在。

了解之后我发现，这家手机销售公司委托的不愧是相当有名的组织人事咨询公司，客观来讲其引入的人事制度相当出色。公司的企业理念是"受到地区喜爱，让地区充满活力"，并形成了鼓励员工践行该理念的机制。换言之，将员工为实现该理念所做的工作纳入员工考核。

然而这种人事制度也有令人费解之处。我询问了包括门店员工在内的很多人，在和他们交流的过程中感受到了"违和感"。这个"违和感"在于，引入的员工考核指标中重视的是效率。诚然，对手机销售公司来讲效率是非常重要的指标，即使顾客非常想买新手机，如果排队等待的时间太长，也会望而却步。为避免这种情况发生，"一天接待多少顾客"与"如何有效率地安排顾客"就显得格外重要。这样一想，将效率作为重要的考核指标也无可厚非。

在日本涩谷、新宿等繁华地区，顾客中对手机功能熟悉的人比例很高，无须详细说明手机的具体操作方法他们也能理解。如果手机销售公司的顾客中这类顾客较多，那么在保证服务、品质和满意度的前提下提高服务效率就显得非常重要。这样做，便能帮助公司实现高利润率。

然而，案例中这家公司的销售据点在小城市，其顾客群体中年长者较多，这些顾客不一定对手机有足够的了解。我试着询问了一下公司经营状况良好时期的情况，颇感意外的是，顾客不明白手机操作的时候会特意乘车到店里来咨询。而且，很多时候这类顾客还会介绍跟自己一样不太会用手机的熟人成为店里的新客户。想必他们一定是跟熟人说："那家店的店员很热心地教我，你也去那家店吧。"然而，员工重视效率造成的结果是：失去了能够畅快交流的氛围，顾客之间的相互介绍也会减少，销售额自然也就随之下降。就这家立足小城市的手机销售公司的情况而言，它的问题在于过分重视效率。对该公司来讲最重要的应该是让顾客认可并说："如果是这家店，介绍熟人来也没问题。"

尤其是在郊区和小地方，即使牺牲部分利益，也要形成老顾客接连不断介绍新顾客的模式，这样才能使公司在竞争中立于不败之地。可能那家组织人事咨询公司被困在效率带来利润的一般性理论中，或者直接套用了某个经营成功的手机销售公司的模式。案例中的这家公司的经营者和人事负责人以及组织人事咨询公司误判了应当作为该公司强项的核心竞争力，没有充分了解公司的具体情况。因此，他们采用了一般意义上受到好评的评价体系及制度。这也充分说明在经营方式不同的情况下，照搬其他公司的人事制度是行不通的。

如前所述，这家手机销售公司来找我咨询时正处于经济不景气初期。因为经济大环境好的时候产品销量不错，所以并没有暴露出问题。当消费形势变严峻之后，该公司和产品的真正价值受到考验，重视效率导致对顾客接待不周的问题立马浮出水面。

重新评估该公司的考核指标之后，我认为比起效率，更应该创建一个机制，鼓励员工设法留住想再来或者介绍朋友来的顾客。对此，我是从以下两个方面来考虑的：其一，为了让每位员工自发地努力工作，并且能够发挥公司的优势，应该鼓励员工采取什么样的行为和拥有什么样的想法？其二，为了实现公司理念，应该鼓励员工采取什么样的行为和拥有什么样的想法？

在充分考虑以上两点的基础上，筛选出构成考核指标的项目，根据其优先顺序和平衡性，创建一套有助于实现理想行动的机制。

这个案例的关键在于这个手机销售公司没有正确把握自身的核心竞争力，如果引入不能强化公司核心竞争力的机制、制度与措施，反而会削弱企业本身的实力。

极端地讲，这家手机销售公司的人事考核指标中，只有一项处理不当，但是因为这一项与企业优势密切相关，从而最终导致顾客流失、业绩下滑。

综上所述，如果引入的组织战略及该战略下的机制、制度与措施不符合企业的经营模式，不能强化企业核心竞争力，反而会对企业造成无法挽回的致命伤。

强化核心竞争力的机制、制度与措施 掌握企业命运

　　核心竞争力并非一成不变，因此企业必须时常审视组织战略的机制、制度以及与之相适应的措施，使其不断更新发展。即便目前公司已经取得了一定成果也不应该停止思考，而需时刻保有"就这样维持现状可以吗"这样的忧患意识。

　　对核心竞争力的认识不能因人而异。如果部门领导和员工对企业经营者的想法有不同理解，企业则无法作为一个整体组织发挥作用。在企业经营会议和组织会议上也需要时常确认并分享彼此的观点，并不断验证企业的优势是否依然存在，以及是否采取了弥补劣势的措施。

　　核心竞争力始终处于不断发展中。我在迅销集团任职期间，作为迅销集团的主力事业，优衣库品牌正朝着被称为"制造零售业"的商业模式转型，并凭此加速成长。所谓"制造零售业"是指企业自己开发原创商品，并且自己负责生产和销售的模式。

一直以来，服装生产厂商和百货商店、零售店、小商店之间的关系大多是以合同形式存在的，因为合同约定销售不完的商品可以退货。即使是零售店事先向厂家订购的货物，也可以根据实际销售情况调整进货量。一旦零售店进货之后，就要受到退货和折扣条件的约束。店内的库存实际上是厂家的库存，每次进货只需要进销售的部分就可以了。总之，卖不完的货物就退给厂家的商业习惯一直存在。这样一来，服装生产厂商不得不制定一个即使被退货也还有利可图的价格，服装的定价自然容易走向高端。

然而，制造零售业的情况则表现在：不仅商品策划由本公司完成，而且向工厂订购的商品基本上会全部进货，销售也是在自家实体店和网络旗舰店进行。因为整个流程都由企业自己把控，所以如果商品售罄就会获得很高的利润率。反之，销售不完则会造成巨大损失。由此可见，制造零售业可谓是高风险、高回报的商业模式。

以优衣库为例，它主要销售以基本款服装为核心的商品，通过这种被称作"制造零售业"的商业模式，在商品开发上投入大量时间，大规模生产及销售具有竞争力的商品，并由此赢利。因此，唯有强力支撑"制造零售业"的企业机制，才能成为迅销集团的核心竞争力。

即使同为制造零售业，也有企业重视速度，以多品种少量生产的商业模式在全球范围内迅速扩张。如此，看上去大同小异的"快时尚"行业，事实上根据企业的商业模式和核心竞争力的不同，所需求的组织战略的机制、制度及采取的相应措施也存在差异。

优衣库建立了大量生产、销售有竞争力的商品的模式。在此基础上，现在的优衣库还致力为顾客量体择衣，提供个性化商品，让顾客享有定制的感觉。如果这种模式能够被顾客接受，这样的商品增加，顾客接待能力就将成为优衣库的下一核心竞争力。

企业核心竞争力是企业"在竞争中获胜的法宝"，但也不是一成不变，要发掘更多强项并使之不断发展，自然也需要随着企业变化不断发展的组织战略以及该战略下的机制、制度与措施，形成这样的企业文化有助于企业成为持续稳定赢利的优秀企业。

企业理念、核心竞争力及机制、制度与措施三位一体

思考企业组织战略下的机制、制度与措施的时候，盲目照搬其他企业的成功案例是行不通的。究其原因，与本节标题中的三要素密切相关。

要顺利实施企业的组织战略最起码要明确表达所追求的企业理念，发挥企业核心竞争力，引入能够强化核心竞争力的机制、制度与措施并使其发挥作用。本书将以上内容模式化并通过图1-1呈现出来。企业理念、核心竞争力及机制、制度与措施是相互关联的，这种三位一体的关系能够促进企业向优秀企业发展。

企业理念阐明了如下问题：企业想通过向社会提供什么样的价值来获得生存？又想从社会获取什么样的支持来维持发展？为了实现以上目标，企业内部应当鼓励怎样的想法和行动？

企业核心竞争力，即企业的核心优势，是企业在竞争中

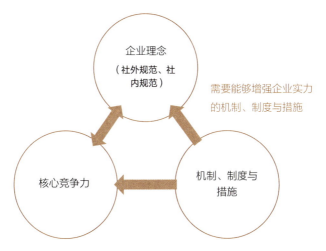

图1-1 企业理念、核心竞争力及机制、制度与措施的关系

获胜的法宝。它可能是生产高性能产品的技术，可能是提供最具价格优势的产品的生产能力及供应能力，还可能是开发新产品和新服务的策划能力以及使产品和服务不断升级的革新能力。而且，核心竞争力必须随着外部环境、客户需求和竞争关系的变化而不断改变。

实现企业理念的最终是人，思考企业核心竞争力并使其不断增强的最终也是人。因此，强化企业理念与核心竞争力的组织战略，以及该战略下的机制、制度与措施尤为重要，其好坏将直接导致企业实力的差距。

不管秉持着多好的企业理念，如果不找到企业的核心竞争力并使其发挥作用持续赢利，则无法顺利实现企业理念。因此，"企业理念、核心竞争力及机制、制度与措施"三位一体的概念非常重要。

很多企业经营者和管理者以为在自己的企业里引入其他企业成功案例中的机制、制度与措施就大功告成了。为了实现目标而将目光投向其他企业的成功案例固然重要，但盲目照搬是行不通的。如果引入的机制、制度与措施不符合自身的企业理念与核心竞争力，则无法助力企业成为真正意义上的优秀企业。

例如，迅销集团致力"制造零售业"时期，经营层的想法如下："日本只有高价优质的服装和低价劣质的服装，如果有既便宜质量又好的服装岂不是两全其美？个性不在于衣服，而在于穿衣服的人。向顾客提供价格实惠且完成度高的服装，我们难道不应该创造一个这样的世界吗？"

将这样的想法诉诸语言就形成了迅销集团的企业理念，即"持续以市场最优价提供任何时候、任何地方、任何人都能穿的具有时尚性的高品质休闲服装"。但是，如果不具备实现这一理念的核心竞争力，最终也不过是纸上谈兵。因此，为了培养企业的核心竞争力，迅销集团开始向制造零售业这种商业模式转型。此外，迅销集团还制定了能够在该模式下激发员工自主性的机制、制度与措施。

矫正员工行为、强制员工工作也许在当下有用，但容易造成企业经营者和上司不发号施令员工就不做事的情况，这就是只针对具体场景下某个具体问题的所谓"治标疗法"。优秀企业则有与之相反的，被称为"治本疗法"的机制。这是因为优秀企业拥有能够充分调动员工积极性，让员工为了实现企业理念、增强企业实力而自发工作的机制、制度与措施。当然，不同企业需要的机制、制度与措施也不同。

可以说，对于企业，只有能够使其神经畅通、血液流通、每个细胞自发活动，才算得上合适的机制、制度与措施。因此，企业在建立机制、制度与措施的时候，需要考虑自身的企业理念和核心竞争力，并为其注入企业文化之魂。

通过实现企业理念壮大企业

企业理念至关重要，它明确了企业追求的目标。对此，也有企业用"座右铭""格言""使命""愿景""价值""信条"等词语来表述。企业理念是核心竞争力的上位概念，其次是核心竞争力，最后是"机制、制度与措施"。

如前所述，我进入迅销集团之时，其企业理念是：持续以市场最优价提供任何时候、任何地方、任何人都能穿的具有时尚性的高品质休闲服装。

这一理念乍一听似乎并不惊艳，但考虑到服装行业的普遍现状，就会发现其为人称道之处。

一般来讲，企业会做一些客户分类，比如分成正装和休闲服，或者按照时间（Time）、地点（Place）、场合（Occasion），即使用"TPO"来设定自己的目标客户群。但是迅销集团却以"任何时候、任何地方、任何人都能穿"的概念来为顾客提供商品。由此可以看出，迅销集团认真思考了"怎样平衡时尚性和基础性"以及"怎样实现以市场最优价提供高品质商品"这两个问题。如果公司做好亏损的心理准备，以市场最优价提供高品质商品，一两次是可以的，要持续这样做却很难。要想实现企业理念并在确保利润的前提下销售商品，可持续的商业机制非常必要。因此，迅销集团向制造零售业这一商业模式转型，在承担风险的同时以低价向顾客提供高品质休闲服装。通过构建这样的商业机制，迅销集团初次实现了企业理念，这一过程也壮大了企业。

企业理念引导员工自主工作

在此，我想深入探讨明确企业理念这件事的价值所在。企业理念表明了一家企业"以什么样的企业为目标"以及"想成为怎样的企业"。即使处在同一行业，各企业的理念也不同。接下来我想试着从使命和愿景两个方面阐述一下自己的想法。

• 使命：为了创造理想的世界，企业应该做些什么。

• 愿景：使命完成之时世界应有的状态，以及那个时候企业应有的状态。

使命和愿景是一对的。实现自己应该做的事情，彼时希望看到的场景叫作愿景。为了实现理想社会的愿景，我们应该做的事情称为使命。

完成使命，实现愿景之际，将造就一个理想的世界。"因为这件事很有价值所以想尽力做到"的想法会激发出人的干劲。

思考企业理念和使命、任务的过程中，有一些句子触动到我，下面我给读者分享一下这些句子。

"什么都要试试看"是三得利集团❶所秉持的理念。为适应时代变化，三得利集团于1973年重新制定了经营方针。如今这句话已作为公司的创业志愿依然登在公司主页上，此外还有对它的介绍：创始人鸟井信治郎的口头禅是"试着做吧，不试试看就什么都不知道"。这句话一直留在全体员工的心中，它代表了以创造新价值为企业理念的"三得利精神"。这句话虽然简单，却直截了当地表达了支持员工应对挑战的企业文化。从学生时代开始我就被这句话语吸引，至今依然极具魅力。

"自己创造机会，利用机会改变自我"是瑞可利集团的社训，它是一句让重视自主性与积极性的人热血沸腾的话语，说我是被这句话吸引而加入瑞可利集团的也不为过。而且，它总是在我遇到困难的时候赋予我勇气，支持着我前进。即便我已经离开瑞可利集团，这句话依然是我的行动指南。

---

❶ 日本最大的洋酒制造公司。——译者注

如果企业理念、使命和愿景真正渗透公司内部，仅凭这点就能拥有让员工热血沸腾的力量。因此，要让员工自主地为公司工作，就应当明确企业理念。

代表企业社会价值的社外规范

我常常在关于组织变革的演讲上向参加者提出这个问题："要让员工认真工作，需要什么？需要怎样的状态呢？"

得到的回答多种多样。对于这个问题的答案，我想牢记基于企业理念的使命和愿景，并以此为前提从以下两个角度分别说明。

1. 是否认同企业向社会输出的价值？

2. 是否认同企业文化和企业所追求的工作方式？

前者是企业对社会贡献的价值，即企业想通过向社会提供什么样的价值来获得生存，又想从社会获取怎样的支持和感谢来维持发展。它探讨的问题是企业向社会所提供价值的理想状态，被称为社外规范。后者是"企业内部重视的想法和行为"，被称为社内规范，它指的是企业内值得鼓励的想法与行为。不认同社外规范和社内规范，员工无法认真工作。

首先要谈对社外规范的认同。简单来说，如果感受不到自己从事的工作是对社会有益的，就无法产生动力。举一个很好理解的例子：吸二手烟使得被动吸烟者增加，给社会带来了很大的困扰。一个讨厌吸烟的人能在烟草制造和销售公司认真工作吗？能从自己不认可的工作中找到工作意义吗？反之，对于喜欢吸烟的人来说，或许这是很有吸引力的职场。可能这个例子比较极端，这里只是想借此说明工作意义与公司从事的业务有很大关系。公司的业务有怎样的社会价值？自己是否喜欢并接受这项事业？这是能否认真工作的关键问题。

大学毕业之后我想进入瑞可利集团也是因为认同其社外规范。当时的瑞可利集团致力为社会解决信息不对称的问题。所谓信息不对称是指某些信息只有提供产品和服务的一方（卖方）知道，而获得产品和服务的一方（买方）则不了解。这种情况下卖方通常处于有利地位。

学生时代我就对瑞可利集团感兴趣，正是因为感受到它"消除信息不对称"这种商业模式的独创性。放在如今的网络社会这并不稀奇，但当时瑞可利集团是为数不多的向消除信息不对称目标发起挑战的企业之一。那时瑞可利集团的主营业务是就业、兼职、教育、住宅、二手车及旅行等信息提供。例如，过去招聘广告上关于待遇一般会写"详情面谈"。

这样一来，如果不去面试就无法得知真实的待遇情况。二手车销售也是如此，在里程表上造假、糊弄买家的不良卖家大有人在。同样的情况也出现在房地产销售行业，比如将离地铁15分钟路程的房子写成离地铁只有8分钟路程。

卖方牢牢掌握着信息，而不了解相关信息的买方则处于被动地位，那个年代这种现象比比皆是。瑞可利集团开展的业务正是向买方提供准确信息，以便他们在购买商品和服务时能做出合理判断。因此，瑞可利集团必须努力从企业方面获取其不愿意提供的信息，为此进行的交涉想必十分艰难。综上所述，我从心底里认同这种商业模式。

在迅销集团，包括我在内的员工都保持十分认真的工作态度，这是因为我们认可经营层提出的"日本只有高价优质的服装和低价劣质的服装，如果有既便宜质量又好的服装岂不是两全其美"与"个性不在于衣服，而在于穿衣服的人"等向社会输出的价值观。

持续以市场最优价提供任何时候、任何地方、任何人都能穿的具有时尚性的高品质休闲服装。

为了创建适合的机制来实现这一社外规范，迅销集团的员工一直在努力。

明确企业的想法并将其表达出来让人理解非常重要，尤其是社外规范，它与企业的成长密切相关。

例如，以"睛姿眼镜"出名的睛姿（JINS）公司，在初期的使命、愿景为：以市场最优价持续为所有戴眼镜的人提供新功能、新设计的商品，让眼镜发挥看清事物与提升个人魅力的双重功效。

这和迅销集团的社外规范很像吧，其实是有原因的。一个有名的故事是睛姿公司经营不顺利时期，其社长田中仁向迅销集团的经营者求教，被对方质问："你开创这项事业是为了什么呢？你的使命、志向是什么呢？"田中仁社长这才意识到睛姿公司并没有明确的社外规范，他回去之后召集管理人员讨论，最终形成了上述社外规范。重新定义自己的事业价值并确定社外规范之后睛姿公司开始飞速发展。由此可见，社外规范是非常重要的。

在睛姿公司的眼镜店，选择高折射率的薄型镜片并不需要额外付费。近视程度高的人戴一般厚度的镜片是看不清楚的，必须戴很厚的镜片。如果顾客不喜欢厚镜片，想换成高折射率的薄型镜片，在其他眼镜店这被视为自主选择，需要支付附加费用。但是睛姿公司遵循"以市场最优价提供让人看清楚并提升个人魅力的眼镜"的社外规范，致力在不额外收费的前提下为顾客提供高折射率的镜片。为了实现这一目标，睛姿公司和镜片生产厂家进行了多番交涉。某些时候，睛姿公司还会通过集中镜片生产厂家、大量购买的方式来降低成本。

从睛姿公司的案例来看，它明确了企业要为社会输出怎样的价值以及为了实现这个目标企业应该做的事情，创建这样的机制绝非易事。但是，自从建立起该机制之后，睛姿公司飞速发展，这正是社外规范重要性的有力证明。

企业应该做什么？你也可以把它叫作"使命""愿景""理念""座右铭"等。重要的是，企业需要明确其内容并诉诸语言，让企业全员共享，并且还需要认真践行。

社内规范是企业独有的理想行动指南

与社外规范相对，企业内部重视的行为和思想称为社内规范。

社内规范是指在公司内部得到认可的行为及想法，也就是行动指南。即使是在同一行业，各企业的风气及其追求的工作方式也不尽相同。正如每个团体都有自己独有的价值观、评估标准和行动基准，社内规范也因各自的企业而异。如果不喜欢自己所在企业的行动指南，每天去工作就会成为一件痛苦的事。

前文所述 A、B 两家公司都是提供软件系统的公司。但是有状况发生的时候，两家公司的处理方式截然不同。A 公司会立刻飞奔到顾客身边，B 公司则会全力思考解决方案。实际上我在瑞可利集团工作期间，和这两家公司都有接触，因此我深知其企业文化的不同。当然，二者之间并不存在优劣之分，在此只是想说明社内规范的不同导致了各公司处理问题方式的差别。

A公司优先考虑的是应对顾客的速度，鼓励贴近顾客。第一时间赶到顾客身边未必能够立刻解决问题，但是A公司认为陪着顾客并和他（她）一起思考紧急处理办法对顾客来说是一种精神上的支持，这样能够加强与顾客之间的信赖关系。与之不同，B公司则认为比起快速到顾客身边，搞清楚状况并找到原因，对症下药更为重要。这样再去拜访顾客的时候就能带着专家一同前往，一并解决顾客的问题，这种处理方式更能赢得顾客的信赖。这是B公司的社内规范。可见，即便处在同一行业，各个公司的工作方式也完全不同。

　　因为企业不同，对同一岗位的要求也不尽相同。关于这一点，我想为大家介绍的是2003年开始引入"SAPS经营"的尤妮佳❶公司对销售岗位的管理手法。"SAPS经营"的名称取自"Schedule（制订思考与行动方案）""Action（按照计划实施方案）""Performance（衡量效果，找到需要反省和改善的地方）""Schedule（在反省本周工作的基础上制订下周计划）"这几个词的首字母。

　　为了在最短时间内取得最大成果，尤妮佳认为确定公司

---

❶ 日本日用品制造商。——译者注

需要优先解决的问题，将全体员工的时间和力量都集中在这个问题上非常重要。此外，如果有不同经验和智慧的人聚在一起出谋献策，就能发挥集思广益的效果。具体来说，为了完成计划，需要以周为单位不断循环"制订计划、实施计划、分析结果、反思并制订下周的计划"这一过程。在每周的例行周会上，每个人的上周反思和本周计划以及每天的日程都会被公开，上司和同事也会据此给每个人提出建议。

尤妮佳公司根据行动目标来管理员工，并用这种方式替代了以销售额等为基准的数据管理。例如，设定"一周拜访几位客户，分别是周几去拜访，拜访每位客户的时候分别要做什么"这样的行动目标。虽说并非强制执行就一定能出结果，但是尤妮佳公司是这样考虑的：行动与本人的能力、技能无关，只要有意志谁都能迈开脚步。因此，如果孜孜不倦地坚持行动目标，个人能力定会得到提升。这样一来，团体的整体实力也会增强。更何况完成自己制订的行动目标，任何人都会有成就感。

也就是说，要形成如下机制：不表扬员工拿下合同、提高销售额这一结果，而是表扬员工为此付出的努力。不同于结果，努力和做事情的态度是由自身想法决定的，换言之是可以自己掌控的。持续鼓励这样的行为能够提高员工的积极性，即使遇到很困难的工作，他们依然会充满热情地去完成。

一般来讲，在很多企业里，销售这个岗位都是用数字这些硬性指标来考核的。尤妮佳则不同，它不以结果为依据，而仅仅以"能否达成行动目标"来考核员工。我意不在评价孰优孰劣，只是想表明不同企业希望从员工身上获取的东西不同，也就是社内规范是不一样的。

接下来我想以在迅销集团就职期间的一些人力资源方面的思考为例就社内规范来做一些探讨。

自立、自律的个人在参与合作的同时创造高附加值，并凭此获得好待遇。企业支持努力成长的个人。

迅销集团社内规范的第一点，"自立、自律的个人在参与合作的同时创造高附加值，并凭此获得好待遇"是对制造零售业这种商业模式的强化。它能够激发员工的积极性，让员工为获取好待遇而努力工作。

迅销集团要想成功转型为憧憬的制造零售业，关键在于创建一个让部门通力合作并且能迅速展开行动的机制。实现这个目标的前提是个人的自立、自律。如果个人有依赖他人的心理，则无法创造合作价值。确定本部门及本人应该做的事，每个人都抱着远大的志向将这些事情坚持到底。若非如此，制造零售业这一商业模式本身就不成立，创造高附加值更是无从谈起。强化迅销集团商业模式的前提是企业能成为一个团队，并且其中的每个人都能创造价值。

当时迅销集团的组织机制并不复杂，不设冗余机构，这样能够迅速做决策并将其传达出去。因此，相比管理阶层较多的组织来说，企业员工更容易在工作的时候感受到企业正在发生和即将发生的变化。

"当即决定，当即执行"也很关键，因为决策速度在竞争中至关重要。例如，到了一定的年纪人的体型会发生变化，有的女性穿不上之前能穿的裤子。"因为有很多瘦款的服装，若在试衣间也穿不上，从此以后就再也不试穿了。"迅销集团收到很多这样的顾客反馈。这些问题出现，有关部门的负责人就会齐聚一堂，当场决定"如何改变商品结构，何时改变；如何改变个别商品，何时改变"等问题。如此一来，任何事情都能够做到"当即决定，当即执行"。

像这样，为了强化制造零售业的商业模式，企业有必要形成"个人在工作中保持主人翁意识，并时刻考虑如何对公司整体产生影响"的企业文化。

以下是迅销集团高层的发言："零售业吸引不到优秀人才是因为工作时间与一般行业错开，工资也比较低。"

零售业、服务业的休息时间无法调整，因为人们只有在休息的时候才会产生消费行为，但待遇是可以改变的。迅销集团认为，待遇上要立马赶超综合商社（贸易公司）和金融、传媒等行业有一定难度，但是可以提供这些人也感兴趣的其他行业头部企业的待遇。迅销集团试图通过提供优于其他企业的待遇来改变整个行业。要实现这一目标应该做的就是实现社内规范，这也是人事制度的根本思想。

社内规范的第二点"企业支持努力成长的个人"表述的是企业希望留住什么样的人才。这句话源于实现个人与企业的价值交换的想法。个人与企业的价值交换是我很重视的价值观，它诞生于20世纪90年代泡沫经济崩溃时期，日本山一证券和北海道拓殖银行等企业停业破产时期。

这一时期，日本大企业的"终身雇佣制"神话开始破灭，但是大部分人还是觉得"我是公司的人，公司给我做主"。大部分人认为，培养员工并使其成长的责任全部在公司。实际上，有很多人在招聘面试中，一脸认真地问："贵公司会怎样培养我呢?"他们认为公司需要对自己胜任工作负起全部责任。也有很多人认为只要服从公司的工作调动和人事调配,公司就会关照自己到退休。另外,例如金融机构的投资银行部门的一些岗位的人,则会有"替公司干活儿"的意识。

我个人认为,"公司给我做主"和"替公司干活儿"这两种想法都不正确。企业和员工是"价值交换"的关系,将二者比喻为舞台和演员的关系就很好理解了。要让一流的演员站上舞台,需要持续提升舞台价值,让演员通过站上该舞台获得关注。换成企业来讲就是,企业必须持续努力,不断提升工作本身的价值及其社会价值,提高包括工资在内的各项员工待遇。同样,个人为了站上好的舞台也必须勤加练习,不断提升自己的表现力,否则无法受到好舞台的青睐。在工作上就是员工要促进自我成长,不断提升工作能力。

在"个人与企业的价值交换"这种彼此成就又互相牵制的关系中,企业要努力成为更具魅力的企业,个人也要努力提升自我价值。我们希望达到的目标是企业和个人的价值总和能够增加。二者之间关系过于紧张显然不可取,但若只有依赖关系,企业和个人都无法获得发展。

因此，员工要成为社内规范第二点中的"努力成长的个人"，并不依赖企业、寄生于企业，而是创造自我价值，并且能够凭借该价值从企业获得有竞争力的待遇。

只是，努力成长也存在个体差异。员工有各种类型，如急速成长型、缓慢成长型、初期缓慢但掌握诀窍之后迅速成长型等。不管是哪种，只要是努力成长的员工，对企业而言都是十分重要的。对急速成长并给企业创造高附加值的员工，企业要给予相应的待遇作为回报。对一步步慢慢成长并逐渐提升附加值的员工，企业要根据其表现不断调整待遇。

工资和职位以及被委任的工作等，都是与交换价值相对应的。而以上所有的大前提是，企业为"努力成长的个人"提供施展才华的舞台。另外，想要依赖企业，将自我成长的责任全部归于企业的人，将不再是企业的同路人。

不管得到多少进修培训等受教育的机会，都认为让自己成长的责任在企业而不在自身，这样的人无法成长。因为他们对于企业提供的进修也只是义务上接受，并非真心想要从中学习。但是，认为成长的责任在于自身的人参加培训的心理状态则有所不同。即使参加同样的培训，这两类人的收获也会有天差地别，因此企业只需要为后者提供接受教育的机会。

以上价值观明确了企业内部值得鼓励的思想和行为，形成了社内规范。在思考作为其前提的人事制度之时，需要从以下三个方面切入：人事制度要实现企业理念，增强企业核心竞争力，让企业渴求的人才感受到工作价值。

很多企业的经营理念中，只体现了社外规范和社内规范的其中一个方面。

"什么都要试试看"（三得利集团）与"自己创造机会，利用机会改变自我"（瑞可利集团）等体现了社内规范。

"信息革命成就幸福人生"（软银集团）与"改变服装、改变常识、改变世界"（迅销集团）则体现了社外规范。

对企业理念这一最上位概念的表述，可以在社外规范和社内规范二者中择其一。但是，作为其下位概念的"社训""价值""信条"等传递价值观的语言，需要包括并明确表达社外规范和社内规范两个方面的内容，这一点至关重要。此外，企业还需要持续努力让员工理解其价值观设定的理由和背景。

社外规范与社内规范伴随企业成长不断演进

　　社外规范的表述并非一成不变，企业重视的价值观是通用的，但是随着企业的发展，社外规范的表述也在不断演进。

　　如前所述，我在迅销集团工作时期，优衣库是其核心事业。当时迅销集团的社外规范是"持续以市场最优价提供任何时候、任何地方、任何人都能穿的具有时尚性的高品质休闲服装。"

　　迅销集团走向世界之际，社外规范转变为"优衣库旨在成为让所有人都能穿上优质休闲服的新型日本企业"。

　　如今，迅销集团除优衣库以外的支柱事业也在增加，进军世界也取得了一定的成果。公司的口号也演变为"改变服装、改变常识、改变世界"，其使命则是"提供真正优质的服装，创造具有前所未有的价值的服装，让世界上所有人都能获得身着称心得体的优质服装的喜悦、幸福和满足"。

　　我在软银集团工作时，软银集团的对外宣传是"通过数字信息革命，推进人类共享智慧与知识，实现企业价值最大化的同时为人类和社会做贡献"。

这一表述的进化版在软银集团主页的企业信息部分有介绍。以经营理念为最上位概念，软银集团仅仅表述了"通过信息革命带给人幸福"。在其下位概念"愿景"中，软银集团的设定是"全世界最需要的企业"。它宣告了软银集团应用时代需要的最先进科技与最优秀商业模式，推进信息革命，并以此成为全世界最需要的企业的宏图壮志。

软银集团在社内规范中加入了"努力是快乐的"这样的表达。在行动指南中也用"NO.1""挑战""结果导向""速度""执着"等语言说明其重视的价值观，这些都体现了软银集团的企业文化。

担任软银集团品牌战略负责人的时候，我推动制定了软银集团如今的CI（Cooperate Identity，企业标识）战略。这项工作在开始之际，我们一直在思考如何更贴切地表达自己的想法，极端地说，我们甚至可以舍弃"软银"这个名称甚至是标识。为什么最终保留了"软银"这个公司名称呢？这源于以下想法：想要创造一个这样的世界：建立能够自由传播信息的基础设施，并在此基础上衍生出各种各样的新服务，提供前所未有的乐趣和便利。

软银集团想实现的目标是：前所未有的乐趣和便利接连不断地诞生，创造出聚集各种内容的场所与机制。这里的内容就是指软件，这与创业时考虑的企业名称"SoftBank"（软银），即"软件聚集地"不谋而合，因此决定接下来也继续使用"软银"这个名称。导入新 CI 的这一系列过程，正是明确社外规范的过程。

彼得·德鲁克❶先生的"给经营者的五个问题"对于推动企业社外规范很有帮助。

- 问题 1：我们的使命是什么？
- 问题 2：谁是我们的客户？
- 问题 3：客户需要什么？
- 问题 4：我们要追求什么样的结果？
- 问题 5：我们的计划是什么？

这五个问题都是经营方面的终极问题。企业有必要持续思考这些问题。想明白这些问题之后，也许会意识到企业追求的成果以及为此需要实施的计划并不复杂。

---

❶ 彼得·德鲁克（Peter F. Drucker，1909—2005 年），现代管理学之父，被尊为"管理大师中的大师"。——译者注

市场营销学家西奥多·莱维特❶博士在《市场营销思维》（*The Marketing Mode*）中有一个著名的理论：来买钻孔机的顾客不是想买一个1/4英寸（1英寸=0.0254米，下同）的钻孔机，而是想要一个1/4英寸的钻孔！在培训中介绍这个例子的时候，我通常会追问一句"如果前来购买的顾客说我想要电动钻孔机，那他是想要什么呢"，强调"电动"二字的人的诉求是什么呢？我想，他们想要的是工作变得更轻松或者拥有更多的时间。换言之，想在短时间内轻松完成钻孔。

当然，准确把握客户需求，并将其应用于经营活动并非易事。正因如此，企业才应该持续思索这一问题。

通过每年持续思考企业自身的使命和顾客追求的真正价值，社外规范也在不断演化。同时，企业经营模式的自我演进，也会促进社外规范的演进。

综上所述，社外规范伴随着企业不断演进，社内规范同样如此，二者相辅相成，共同进步。

---

❶ 西奥多·莱维特（Theodore Levitt，1925—2006年）：哈佛商学院资深教授，现代营销学的奠基人之一。——译者注

不认可社内规范与社外规范，
员工无法认真工作

　　另一个结论是，不认同社内规范与社外规范，员工则无法认真工作。

　　软银集团的强大之处在于让员工意识到自己在为改变世界贡献一份力量。大部分员工认同公司经营层的志向，并且每个员工都能感受到自己在和经营层共同改变世界。若非如此，员工不会有很高的工作积极性。

　　迅销集团也是如此，经营层描绘的企业未来蓝图能够振奋员工的心，让员工想要和经营层共同实现目标。例如每年正月，员工会收到来自经营层的邮件，其中描述了不久后的将来世界的模样：优衣库成为更加值得信赖的品牌，拥有更大的店铺，开发出许多新商品，吸引许多顾客。邮件中真实地描绘了在迅销集团工作的员工的身姿，用真实的笔触展现了企业愿景。查收完邮件闭上眼睛，其中的内容仍会浮现于眼前，仿佛这一切正在现实世界发生。员工读完之后热血澎湃，发奋工作，迫不及待要实现这一愿景。

经营层大概从秋天就开始写这封邮件，写作过程中反复修改以提高其完成度，最终完成这样一封饱含心意的邮件。这是只有充分理解与员工共享社外规范与社内规范的重要性与价值之后才能做到的事情。

社外规范和社内规范是企业员工认真工作的前提。所谓认真工作是指在工作中直面困难、排除万难，将自己负责的工作坚持到底的状态。没有对社外规范和社内规范的共鸣，员工很难做到这一点。

此外，社外规范与社内规范也在不断演化中，这和我们登上一座山之后便会将目光投向另一座高山是一样的道理。企业需要的正是这样能够充分调动员工积极性的社外规范与社内规范以及建立在此基础上的企业理念。

洞察人心：
实现自我驱动的组织变革

不同成长阶段下企业适合的机制、制度与措施也不同

　　与企业理念、核心竞争力相同，适合企业的机制、制度与措施也随着企业成长阶段的变化而改变。我们有必要用"时间轴"的观点来思考这一问题。企业成长阶段不同，其优势也不一样。企业应当将焦点放在自身优势上，并持续思考每一时期能让当时的优势最大化的机制、制度与措施。

　　如果在企业发展的初级阶段，即成长期就开始过分强调经营层面，无疑是给员工对工作充满热情并想要挑战的心泼了一盆冷水。企业开展新业务不顺利的原因之一是生搬硬套现有业务的规则，导致新业务和现有业务一样牵涉众多管理岗位，单是调整这些岗位就会耗费大量精力和时间。如果因此削弱了对待工作的活力，失去关于工作的一些奇思妙想，岂不是本末倒置，得不偿失。因此，需要事先明确：不同成长阶段下适合企业的机制、制度与措施也不同，如图1-2所示。

　　按顺序说明就是，在最初的创业期，企业需要"从0到1"

的思考与行动，即从"做这件事很有趣"转化为"这就是做生意"的思想。

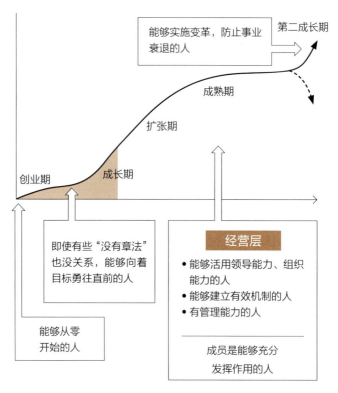

图1-2 企业需求的人才随着成长阶段而变化

有这样的想法并付诸行动的人才能作为创业者或企业创始人开创新事业。之后如果公司不犯原则性错误，事业将进一步取得成功。但如果在扩张之路上没有一定数量的有能之士加入，企业不仅无法扩大规模，还会走向衰退。

从创业期到成长期，企业需要的是激进类型的人。他们不墨守成规，有时候有些任性，但会为了达成使命奋不顾身。虽然他们常常让人发出"做事情也太没有条理了""就那样闯进大公司去销售""对那种老派的企业，你居然这么直白"等感叹，但实际上他们把每件事情都完成得很出色。

因此，在这一阶段，需要启用一些即使做事有点无章法但是能取得成果的人才，否则无法扩张事业。从稳定性的角度来看，对工作有着果断执行力的人也许会让人略感不安。但是如果因为舍弃了这类人才而未能实现事业的成功，未免太过可惜。

这一阶段企业需要的是在遵守规则的前提下，给予这类激进型人才最低限度束缚和最高限度自由的机制、制度与措施，以使其能力得到最大限度的发挥。

企业发展的初期阶段，充满干劲的激进型人才有利于加速企业成长。但是当企业发展到一定规模，从扩张期的某个时刻开始，具有高度战略视野和管理视野的人便开始发挥他们的能力。比起"无论如何先行动起来，逐个解决问题"的理念，这类人才更重视逻辑，会在行动之前充分考虑各种情况，做好风险管理的同时带领大家一起往正确的方向前进。这一时期需要的是思考如何有效地开展工作的人才，以及在团队中能够充分发挥作用的人才。如果说初期阶段依靠的是有能力者个人的力量，从这一阶段开始组织能力和团队协作能力就更重要了。换言之，该阶段必须构建起公司的业务框架。更极端地说，就是企业要思考如何构建起一种商业模式和工作开展方式。这种模式下，普通人只要尽职工作，就能完成组织的既定目标。

事业到达成熟期之后，会在无形中产生维持现状的压力，这其实叫作"维持现状"的衰退模式。这一时期，如果企业只有具备教科书式的战略视野和管理视野的人才，那么企业会很快面临衰退。即使这时候企业有很高的市场占有率和收益率，如果不能很好地应对顾客需求的变化，就会被拥有新产品、新服务的竞争对手替代，最终走向失败。

想要在这一时期推动企业的进一步发展，必须采用改变企业文化的变革管理（Change Management）。制定改变领导思维的机制、大胆变更考核指标以改变员工意识等能够再一次催生新事业诞生的策略非常有必要。很多企业经营者为此感到苦恼，有时候针对第二成长期的变革比企业创业时期更费精力，因为很难找到正确方法。这一时期需要的是能够给予企业刺激的人才，也就是说，需要再次寻找"不按常理出牌"的人才。需要注意的是，企业创业初期的"不按常理出牌"和成熟期促进企业再上一个台阶的"不按常理出牌"有本质的区别。

从企业创业期到成长期，无所畏惧，用一种初生牛犊不怕虎的精神并将工作坚持到底的人会大显身手。但是，为了实现企业第二阶段的成长，需要的是能够打破既有规则，开创新的商业模式并转变企业核心竞争力的人才。唯有这样，企业才能获得进一步成长。

在此论述了不同成长阶段下企业需求的人才和工作方式是不断变化的，最想传达的思想是：企业必须引入能够让不同的人才大展身手，员工会自然而然按照企业需求调整想法及行动的机制、制度与措施。

举个例子，因为企业的某项事业进入了成熟期，需要开创新的支柱业务，就必须考虑为负责这项新业务的部门设立拥有独立规则的评价体系。在某些情况下，为了方便引入有别于现有业务的机制、制度与措施，可能需要把这个部门切割出来，成为独立的企业。

企业在成长的不同阶段追求的想法与行动不同，相应地，需求的人才类型也不相同，每一时期对应的机制、制度与措施也处在变化中，特别是在过渡期和第二成长期，企业实施大变革的时候，很多情况下此前受到表扬的行为不再被鼓励。因此，有必要明确释放出"接下来企业的评价体系会发生改变"这一信号。换言之，将变化之后的机制、制度与措施通过具体事例传达给员工并让他们接受，这一点非常重要；否则，再怎么为企业的管理变革摇旗呐喊也无法调动员工的积极性。

自上而下？自下而上？

"那家企业采取的是自上而下（上情下达）的模式。"

这样的表达大多时候带有贬义。作为一种组织形式，"自上而下"通常是被否定的。我在做组织战略相关的培训或演讲的时候也常常问大家："自上而下和自下而上（下情上传）哪一种模式更值得鼓励？"对此，大部分人支持自下而上。但是，自上而下真的应该被否定吗？

对组织而言，某一时期自上而下的优势更大。就拿企业的成长阶段来讲，在初期阶段，也就是创业期和成长期，自上而下的模式显然更合适。这一时期与其花费大量时间跟员工反复解释交给他的工作，不如直接说"不要抱怨就这样做"。通过这种自上而下的模式给员工下指令，工作效率反而更高。由此可见，如果这一阶段自上而下的模式能够发挥作用的话，是能够增强企业实力的。

某信息技术企业的经营层在电视节目上说："我们公司的会议时间规定是1小时，但是通常15分钟就能结束。"这句话激发了我的好奇心，接着听下去发现该企业根本不在会议上讨论问题，大部分情况是由经营层直接下指令，这样就能在短时间内结束会议。我并不是说这样不好，相反，该企业能在竞争中获胜，也许正是因为自上而下是最合适它的组织形式，并且该形式起到了很好的效果。由此可见，自上而下本身并非负面组织形式，只是企业必须考虑清楚，什么情况下应该选择这种模式，什么情况下又应该避免这种模式。

在企业的第二成长期同样有需要采取自上而下模式的时候。做重大决策之际，如果参与讨论的成员局限在现有的思维中，不管怎么交流意见也无法提出好的建议，这个时候通过自上而下的模式做出明确指示反而更好。

那么，更适合自下而上的是哪些情况呢？那就是企业经营者和领导远离一线，无法清楚了解一线状况的时候。创业初期经营者尚能自己全盘把握企业状况：零售业者会亲自到店铺想方设法销售商品；制造业者会亲自到现场从事商品制造及开发；服务业者会到最前线亲自为顾客提供服务。经营者和领导在一线自然容易察觉外部世界与顾客需求的变化，从而对企业应该改变的地方以及改变方式做到心中有数。与此同时，因为是对部下下达明确的指令，因此很少出现传达不到位的情况。

但是，企业发展到一定程度，进入规模扩大的扩张期之后，无论经营层和领导是否愿意，他们都不得不逐渐远离一线，因为他们有更多必须现身的场合。同时，他们要做的事情也在不断增多，如各项管理事务、企业外的活动，假如企业上市，他们还需要应对投资者。这样一来，他们没有多余的时间分给基础业务，也就渐渐远离一线，看不到一线发生的事情和顾客需求的变化。在这种情况下，依然有企业经营层在不完全了解一线状况的时候就凭借自己的感觉自上而下地发出指令。有时，一些知名企业的业绩突然下滑，其原因大多是经营层没有充分了解一线情况，从而做出了不合适的决策和方向错误的指令。

这时候如果有一个机制，能够通过自下而上的方式将一线发生的事情和一线员工的想法准确传达到企业高层，就能够有效减少判断失误。总之，企业取得一定的成长后，采取自下而上的模式是很有必要的。

理想的情况是：将一线的实际情况（不仅是数字）和顾客需求的变化往上传达，企业经营者和领导能够以这些信息为基础做出合适的决策，同时下面的员工也能够理解这个决策的理由和意思，从而更好地贯彻执行。

综上所述，真正强大的企业并不只是依赖自上而下或者自下而上的单向交流，而是能够积极地展开双向交流。

这样一想，对于我在培训和演讲的时候提出的问题"自上而下和自下而上哪一种模式更值得鼓励"，大部分人回答"自下而上"也不难理解了。因为在达到一定规模以上且成功的企业中，员工都会感受到这种包含"自下而上"在内的双向沟通模式。但真正能够自然而然产生双向沟通的企业有多少呢？我观察了各类企业，很多企业的情况是只有经营者认为是在双向沟通，实际上一线的信息并没有上报到上层，有坏消息的时候更是如此。每次发生不好的事情，就会暴露企业信息传达不到位的问题。

而且，就算及时上报一线情况，也有可能被忽视，这样自然就不会再次上报了。最可怕的情况是，组织接受一线信息的触角灵敏度会下降。如果日常业务中时刻牢记收集一线信息是自己的责任，那么灵敏度也会提高，反之亦然。只要管好自己的工作这点，对员工来说自然是最不耗力气的，时间长了也就不会再想管那么多事了。老实说，淡然地维持现状反而更轻松。如此一来，员工也就不必在日常工作中保持接收信息的敏感度了。

综上所述，站在增强企业实力的角度来看，自上而下有它的优势。如果只是企业仅采取这种单向交流的模式则无法成为优秀企业。企业需要的是双向交流，收集一线信息，在此基础上做决策，并将做决策的理由和目的传达到一线，这样才称得上是真正强大的企业。

因此，企业务必明确自身目前所处的成长阶段，否则将导致严重问题。如果企业开展的业务不止一项，那么需要确认各项业务分别处于哪个成长阶段，并在此基础上引入适当的机制、制度与措施。

优秀创业者能在具象与抽象之间瞬间转换

目前为止我遇到过很多企业经营者，引起我注意的一点是，事业有成的创业者往往具备一项很强的能力，即在思考高度抽象的企业战略的同时致力具体的商品与服务。反过来，在思考具体的商品与服务相关问题的同时，又能立即将它们与企业的长远战略联系起来。他们能够在具象和抽象之间瞬间转换。创业者在事业"从0到1"的过程中耗费了大量精力和心血，经历过无数次的失败但不放弃，不断试错直到成功的那一刻，这项能力就是在这样艰辛的过程中培养出来的。因此，优秀的创业者大多具备将一线信息与长远战略联系起来的能力。即便在普通人看来只是某位顾客的个体行为，在有大局观的人看来，也是顾客传递的一种信息。这种信息并不只是顾客的行为，还隐藏在一切细节中。

以零售业为例，如果商场里的货架被顾客弄乱了，一般的员工只会意识到货架乱了，需要把商品归位、还原。但若是开创事业并对现场情况了如指掌的创始人，就能从中感受到顾客想要的也许是不一样的东西。如果没有对事业的全局观，这只会被当作一件日常小事来对待。

大荣公司❶的创始人中内功先生以股东身份来瑞可利集团的时候，我有幸与他进行了对话。他在谈论公司长远战略的同时也会讲到店铺内商品的陈列。毫无疑问，中内功先生也是能在具象和抽象之间瞬间转换的创业者。我想正是因为这样，他才能够活跃在零售行业并站稳脚跟。

迅销集团也是如此，经过不断试错，如销售服装的同时又开展了停车场卖菜、开设迷你音乐酒吧等业务板块，尝试诸多模式之后才创建了如今的商业模式。因此，创始人柳井正先生才能在进入新店铺时就瞬间意识到收银台和货柜距离太远，这样不利于商品销售，从而立刻下令改变店内布置，这是习惯于在已有机制中工作的员工无法做到的。

当初软银集团为了将ADSL❷推向市场，在街头及主要的地铁站附近都摆设了摊位免费发放调制解调器，为此投入了

---

❶ 日本大型超级市场。——译者注
❷ 利用电话线上网的宽带技术。——译者注

一笔很大的经费。从短期的财务角度来看，软银集团也承受了一定的资金压力。即便这样也要继续，因为在创始人孙正义先生理想的世界中，宽带是不可或缺的。他能够看到宽带社会到来之际给全体成员带来的价值与冲击。可以说，他能够自由穿梭于免费发放调制解调器的行为（具象）与创造谁也未曾见过的宽带社会（抽象）之间。

不仅是这三个事例，迄今为止我所遇到的创业者，大多具备这样在具象和抽象之间瞬间转换的能力。如果这种能力能被包括继承人在内的某位企业领导掌握，则能得到非常好的发展。但是实话实说，在企业成长阶段的中途加入的人即便做到了领导层，也很难立刻拥有这样的能力。

因此，经营层必须专注于企业整体的运营工作，并且有必要创建让创始人和企业领导了解一线情况的机制。若非如此，企业有可能在未来的某个时候面临业绩下滑的风险。然而正如前面提到的，现实中很多公司即使规模扩大到一定程度，领导层依然仅按照自己的判断来做决策。

开创事业且仍然掌握实权的经营者经常被称为所有权（owner）经营者，但我认为这个概念既包括了作为所有者的决策力，也包括了作为创业者的商业构建力，二者有所区别。因此，企业创始人在企业上市之后也会持有一定比例的股份，以保证对做决策的公司经营层拥有较大的影响力。但是，这样也可能导致创始人总是在不断下指令而周围的人只能服从的局面。

实际上，很多企业顺利地发展到了一定规模，甚至作为成功典范备受推崇，却也在不知不觉中销声匿迹。经营层与一线信息沟通顺畅、步伐一致的时候自上而下的模式能够很好地发挥作用，助力企业快步走向成功。但是如果经营层和一线步伐不一致，也会导致企业很快走向衰败。所以，企业应当创建一个有利于双向交流，同时能够在一线实施"权力委托"的机制、制度与措施。

组织战略不仅是人才开发，而是以组织开发的视角思考问题

实际上，本书之前讨论的内容都建立在组织开发（Organization Development）思维方式的基础上。根据科罗拉多大学沃里克教授的定义，"组织开发是为了促进组织健康发展，开发组织潜力，提高组织效能，了解组织并让其不断发展与变革的有计划性、协同性的过程"。"Organization Development"在日语里被译为"组织开发"并得以普及。但以我在实际业务中的感受来看，表达为"组织发展"更为贴切，后者更能给人一种为了优化组织本身，全体成员共同进步、共同发展的感觉。

组织开发能够充分调动组织内在的自主性，激发组织能量，让组织焕发活力，其目的是最大限度优化组织性能。实际业务在个人和组织之间展开，组织开发会介入其中，以改善做决策和工作执行的过程。

将焦点放在增强组织动力的手段以及组织成员之间的关

系和相互作用上，发现不恰当之处就及时修正，这样组织才能够更好地发挥作用，取得成果。如此一来，不仅组织能发挥整体实现目标的能力，而且组织中的每位成员也能充分发挥个人能力。这能提升组织成员的个人满意度，组织氛围也会更加和谐。此外，接收信息的灵敏度自然会提高，组织也就具备了应对环境变化的能力。

此前，很多企业以人才开发的视角来看待组织开发，致力于培养人才的各项措施。人才开发是指为了让人获得需要的知识、智慧、技能等而进行的活动。它通常会通过培训等形式支持个人成长。培训有新社员培训、分阶层培训、管理培训及技能培训等。这种从人才开发的视角出发的方法也能够增强个人能力，提高个人满意度。个人能力提升之后，作为个人能力的集合，组织和企业的实力自然也会增强。

用棒球来比喻人才开发与组织开发的区别可能更好理解。某位选手的击球、投球、接球技术提升之后，就能取得好成绩。有了这位选手的积极贡献，整个球队也会变得更强。像这样通过培养人才来提升组织能力就是所谓的人才开发。以企业来讲，既然某个人当上了经理，就要把他培养成适合当经理的人，这就是人才开发。

还有一种情况是：每位选手个人的能力都有提升，也取得了不错的成绩，但是整个队伍在比赛中仍然未能获胜。究其原因，是二垒手和捕手配合不到位。尽管每位选手都很优秀，但如果配合不到位，球队则无法作为一个整体很好地发挥水平。因此，球队需要加强选手间的合作，更换选手的守备位置，这就是组织开发。在实际的企业经营中，组织开发是指从增强企业整体实力为出发点来思考企业的机制、制度与措施。

当然，人才开发同样重要，如果能在其中加入组织开发，企业就能够更有效地解决组织战略层面的问题。例如，很多企业希望打破组织壁垒，也为此做了很多尝试，这就是组织开发的思维方式，因为这是仅凭对个人的培养难以解决的问题。话说回来，为什么必须打破组织壁垒呢？组织（在此指企业各部门）自然希望不断增强自身实力并获得永续发展。很多时候某个组织并不了解其他组织的情况，二者发生利益冲突的时候，组织考虑的并不是企业的整体利益，而是优先考虑有利于自身的方案。企业会引入相应的措施以防止这样的情况出现。有"美国的廉价航空"之称的西南航空公司就是一个典型例子，他们会让员工体验与自己工作相关的其他部门的工作，以此打破组织壁垒。例如，让飞行员体验地勤人员在停机坪的工作，反过来又把地勤人员带到驾驶舱，为其演示让飞机起飞的实际操作。通过了解与自身工作相关的其他工作来促进所有工作进展顺利。此外，为了保证准点率，员工还需要承担一些分外的工作。为了准点出发，不浪费出发前的每分钟，飞行员和乘务员帮忙装运行李也是常事。此外，提升顾客满意度也需要打破组织壁垒。即使不能让壁垒完全消失，能够消除一些隔阂也是很好的。

组织开发是从全局出发，持续实施让企业迈向理想状态的机制、制度与措施的思维方式。企业可通过组织开发消除打击员工积极性和阻碍企业业绩增长的因素，提高个人满意度、提升个人自我价值，从而促进企业业绩增长，成为有实力的优秀企业。

每家企业中组织的存在形式不同、竞争手段各异，组织成员的类型也多种多样。各企业组织的现状与理想都各不一样，其变革方式千差万别，变强之路也不尽相同。因此，有必要充分理解自家企业的企业理念与核心竞争力，引入能够激发员工自主性以增强企业理念与核心竞争力的机制、制度与措施。

从软银集团董事长孙正义先生处学到的
信息收集机制

软银集团于 2017 年成立软银愿景基金，规模约为 10 万亿日元。软银愿景基金旨在投资确立包括人工智能和自动驾驶等在内的新商业模式的企业。此外，新的基金也在计划中。我想正是因为孙正义先生秉持"信息革命成就幸福人生"的企业理念，希望加速改变世界，才有软银愿景基金的诞生。

除了投资人，资金的使用成果同样重要。当然，这需要交给时间来检验。孙正义先生之所以投入 10 万亿日元成立该基金，是为了收集全世界最前端的商业信息。

也许在大多数人看来，孙正义先生在任何事情上对金钱的态度都很豪放。但实际上，身为经营者的他非常细致、谨慎地思考资金的使用，同时在重大上问题上也能果断做决定。我在软银集团工作期间问过孙先生他的真实想法。当然这是在软银愿景基金成立之前的事，所以我的问题并非关于投资，而是关于某个商业事件。

"为什么您觉得那个金额是合理的呢？"

孙正义先生这样回答："你知道信息集中在哪里吗？信息集中在出价最高的地方。"

即便没有公布具体金额，"高价购买"的消息一旦传出去，全世界的信息都会向这里聚拢。

从投资的角度来看，信息收集需要满足三个条件。

第一，创业者提出的企划被认可之后，可以从投资者（基金）那里得到足以支持事业发展的资金。如果投资者的资金量不够充足，即使创业者的企划被认可，也因为无法从该投资者处获得需要的资金而不得不去各个投资者处重复展示自己的企划。这样来看，如果能在双方意见统一的基础上一次获得所需的全部资金是再好不过的了。软银愿景基金规模达到 10 万亿日元，这最有可能给予创业者大手笔的投资。抱着这样的想法，众多创业者带着自己的创业构思集中到了孙正义先生这里。

第二，投资者能理解新技术与新商业模式。无论投资者有多少资金，如果无法理解创业者的新思维也不会受到创业者的青睐。正因为孙正义先生有预见未来的能力，能够理解即将改变世界的高科技和新商业模式，才会吸引众多创业者。

第三，决策速度。死板的组织所运营的基金大多会花很长时间做决策。为了发挥先驱者的优势，创业者们在与时间赛跑，他们比谁都想要尽早实现自己的想法。当然他们想要寻找的投资者是做决策效率高且能够立即付诸行动的类型。

"软银集团满足以上三个条件"这一消息已经在世界范围内流传开来。被投资者如果收到软银集团抛出的橄榄枝，态度也会不一样。这样一来优秀的创业者们自然就会拿着自己的方案来到能够理解其方案价值，并给予他们支持的软银集团。拥有巨额资金、能够理解创业者们的想法、能大胆做决策，这样的孙先生对创业者而言是最理想的投资者。

从信息集中的视角来看孙正义先生成立的基金，就能明白它的价值了。对孙正义先生而言，最优先的一定是能够将前沿信息集中到自己手中的机制。

与企业理念相适应，软银集团的核心竞争力是建立在世界最前沿信息基础上的想象未来、思考未来的能力。虽然这很大程度上取决于管理者个人的能力，但也应该这样要求员工。尤其是对于领导干部，希望他们能用面向未来的视角思索未来世界的变化趋势，并提出自己的意见。这并非要他们主观臆测，而是将集中的所有信息进行汇总整理，在此基础上做出提案。

实际上在智能手机面世之前，孙正义先生在会议上就一直强调，因为我们即将迎来手机和计算机合为一体的时代，所以要以此为前提制定战略。我一边想那样的东西会出现吗，一边听他讲话，显然孙正义先生的脑海中已经描绘出了这样的蓝图。如今智能手机已经成为我们日常生活的一部分，这正是软银集团"通过信息革命成就幸福人生"这一企业理念的具象化表现之一。

第 **2** 章

企业理念与核心竞争力不同，需要的机制、制度与措施也不同

将经营战略与组织战略作为整体来考虑的组织诊断七大视点

　　作为经营顾问诊断组织状况的时候，我通常会带着自己独有的视角看待问题。

　　我首先表达的是，配合企业战略，商品和服务被生产并提供给顾客。这些商品和服务是组织创造出来的，而支撑组织的则是一个一个的人。"经营战略和事业战略"与"组织战略和人事战略"是相互关联的。"组织战略和人事战略"是指战略性地管理人力资源。我们必须将"经营战略和事业战略"与"组织战略和人事战略"作为一个整体来考虑。

　　分析组织的观点有很多，在此我想以上述思维方式和个人经验为基础，将对很多人有帮助的代表性的观点分为7点来介绍。它们可以帮助企业把握自身状况，其具体内容如下：

　　①决策方法与速度。

　　②价值观与方针的渗透。

③人才的质与量。

④自由与纪律的PDCA管理。

⑤信息共享与活用。

⑥评价机制与报酬。

⑦主体性与积极性。

■ 决策方法与速度

每次我在培训和演讲中提出关于决策速度的问题，大部分人会回答"越快越好"，似乎这已经成为商业界的一个定论。然而果真如此吗？现实中做决策的速度因企业而异。

决策速度越快越好的代表行业是信息技术行业，因为把速度放在第一位，所以会尽早发布新产品。但在之后也会根据用户反馈改良产品及服务，提高产品完成度，这是信息技术行业的商业模式。

此外，我曾就职的瑞可利集团、迅销集团、软银集团三家企业都是决策速度很快的企业，也正是这个速度成就了这些企业。正如它的名字，迅销集团从事的是"快速零售"，因此企业需要快速决策的能力。瑞可利集团和软银集团同样追求有别于其他企业的决策速度与执行力。

然而也有部分企业认为决策速度不够快反而是好事，代表性的行业是公共交通和能源等社会基础设施行业。这些行业不追求决策速度是有理由的。因为对铁路、电力等企业而言，即使出现微小失误也会对全社会造成很大的影响，甚至可能因为一个小错误引发人命相关的事故。日常工作关系到他人的人身安全，因此不得不在做决策之时保持万分谨慎。考虑到社会基础设施行业的性质，这些企业便不会苛求决策速度。

然而，铁路公司为了开展新事业，开始在车站内做零售，负责这项新事业的员工就会很辛苦，因为需要的决策速度与之前完全不同。零售业的各企业是以提高每天，甚至可以说是每个时间段不同顾客的满意度来一决高下的，如果不能根据当时的情况立刻做决策则无法拥有竞争力。

根据企业的种类、业态、商业模式以及其他发挥优势的方法不同，最适合的决策速度不同。决策速度并非越快越好。企业应该首先明白自己所在行业的"标准"决策速度，如果有符合企业所在行业和企业本身的"标准"决策速度，它设定的目标应该高于该标准。理想的情况是在保证思考深度及广度的前提下决策速度快于同行业其他企业。

同样，应该引起企业重视的还有决策方法，即需要确认什么决策在什么层级做。举个例子，向所有部门和层级发送请示，就会导致确认该请示的人过多而影响工作效率。如果真的需要所有部门和领导确认，那这样做无可厚非，但若只是形式主义则毫无意义，因此需要再次核实请示交送的部门和领导是否有必要。特别是进入成熟期的企业，已经形成了惯性，很多时候只是机械性地做一些没有意义的事情。此外，也有因为对请示"通过"和"不通过"的判断标准不明确，需要凭个人主观判断的情况。这种情况下如果判断者无法实事求是就只会浪费时间，这些也是需要重视的问题。

基本上，一线能够决定的事情都应该在一线做决定。如果一线可以决定的事情也要呈报到上级，只会造成不必要的时间浪费。反之，如果一线草率地决定应该呈报上级确认的事情，也会造成一线和上级之间的嫌隙。只是以上两种不恰当的决策方法通常在问题出现之后才会被注意到。

决策方法代表了企业的存在方式，改变企业的决策方法和速度，只要做到这一点就能使企业变强。

■ 价值观与方针的渗透

还需要先确认的事情是：企业内有没有明确本就应该受到重视的价值观和方针？这些价值观能否以明文形式传达给员工？

很多时候企业有自身重视的价值观和方针，但经营层并没有将其很明确地传达给员工。经营层需要无数次地、持续地向员工传达价值观和方针，直到他们彻底理解，但很多企业经营层在这一点上觉悟不够。因此，价值观和方针没有渗透进组织，责任在经营层。

经营层想要好好传达价值观和方针却传达不到位，一般来说出现这种情况原因有两个。其一，经营层和普通员工看问题的视角不同，所以接收信息的一方无法理解对方的真正意思。其二，企业中层领导没有很好地发挥承上启下的作用，随意曲解经营层的意思。例如，中层领导对员工强加自己的价值观，说"上面所说的是一种理想状况，但我认为当下我们应该这样做"，或者命令部下"我们部门其他的不要紧，最重要的是达成指标"，就这样无视本应受到重视的价值观和方针。很多时候中层领导并无恶意，但造成的后果是擅自改变了价值观的优先顺序。

还有一种情况是，企业拥有毫无灵魂的价值观和方针。

这种情况最容易出现在企业规模扩大，创业者将接力棒交给下一位经营者之后。这样传承几代，经营层完全"上班族化"之后，这一问题会更加突出。企业想让其重视的价值观和方针代代相传，但实际上经营层对这些重要原则的阐释会逐渐变味。如此一来，即使将价值观和方针以语言的形式持续传达下去，下面的员工也可能不会信任，因为他们会本能地察觉到这一价值观及方针与实际工作中的真正需求是有差别的。

例如，企业理念中写"为了社会"，但实际开展的工作却仅仅被利益驱动。为了让有益社会的事业能够永远持续下去，获取利益是非常重要的。但是，一步走错，甚至通过不正当行为来追求眼前的利益，这样的情况也不在少数。

凭着创业者的远大志向和坚定信念开创日本宅配行业的企业因为不正当行为受到行政处分；汽车行业有名的老牌生产企业若无其事地进行虚假检测；金融企业不为顾客的利益着想，只追求自身利益……这样的例子层出不穷。

价值观和方针是否始终如一地扎根于企业？其根基有多牢固？只有这样思考才能彻底了解企业的生存方式。最一线员工对经营层提出的价值观和方针的重视程度决定了企业的健全性。

■ 人才的质与量

企业理念与核心竞争力不同，其需求的人才也不一样。当然，所有企业都想要优秀人才。如果把这里的优秀定义为"对本公司而言优秀的人才"是没有问题的。但是，如果所谓的优秀只是单纯地指在学校学习好、头脑聪明的人，而不考虑其他因素，则可能导致问题。

为了便于理解，在此以服务业和零售业为例来说明。聪明的服务人员在面对顾客投诉时，通常表现得条理清楚、逻辑性强。这并没有错，客观分析情况，弄清楚我方和对方孰是孰非很重要。如果对方也有错，那么有必要向对方好好提出这一点。但是如果表达方式不恰当，反而会激起顾客更大的怒火。即使顾客有错，服务人员也不要立刻跟其理论，必须先安抚顾客的情绪，等其冷静下来。从广义来讲，服务人员必须具备被称为情商的EQ（Emotional Intelligence Quotient）所讲的理解对方感情与控制自己感情的能力。如果某个组织里面只有学习好的人，那这个组织无法构成企业。

另一方面，要找到企业需要的所有素质与能力的人并不容易。因此企业要意识到一个人完成工作是不现实的，但是团队可以做到。企业是通过组织的形式，也就是人的集合体来发挥作用的，所以务必明确各部门的各工作岗位需要哪种类型的人，以及具备哪些素质和能力的人。

确定企业所需人才的时候，有以下两大要点要注意。

其一，在审视人的性格类型、价值观、素质和能力等要素的时候，企业要充分考虑到其中不易改变的部分。因为人的素质和能力中有可以后天习得的部分，也有后天无法习得的部分。只要不是特别难的知识和技能，大部分是可以通过后天学习掌握的，也可以在进入公司后再学习。然而，价值观、性格和素质等一旦形成就很难改变。不是说绝对无法改变，只是很难。

此外，描述企业渴求的人才形象时，经常会用到"胜任力"这个概念。所谓胜任力，是指影响工作的行为特征。行为特征是思考和行为合为一体表现出来的特性。正因为这些是很难改变的，所以才显示出一个人的特性。在此并不评价个人特性的好坏，只是想表达要实现企业理念、商业模式及核心竞争力，最重要的一点是将具有企业所需人格特性和胜任力的人聚集在一起。

相信很多读者读到这里会联想到自己在社会招聘中失败的原因。此外，还有很多情况是，因为拥有工作所需的知识和技能被录用，进入公司之后却不能像期待那般开展工作，反而由本人提出不合适而辞职。毫无疑问，知识和技能很重要，但才能和人格特性等不容易改变的部分同样重要。

解说

胜任力（Competency）为组织行为学术语，是哈佛大学麦克莱伦德教授提出的概念。此后随着研究的深入，其定义也有所改变。用比较好理解的语言来讲就是与职务要求的成果相关联的行为特征。如前所述，行为特征是思考和行动合为一体表现出来的特性。

表现人的特征之时常用沉入海水的冰山模型（图2-1）来打比方。以这个模型来说明，人有"容易改变的部分"和"不易改变的部分"。冰山浮出海面部分的知识、技能，如果不是特别高端的内容，是完全可以掌握的。换言之，这部分内容比较容易获得。冰山沉入海面部分的人性，也就是价值观等因为是从人出生开始长期培养出来的特质，所以是很难获得，一旦形成之后就不容易改变的部分。冰山中间是被称为胜任力的行为特征，这一特征类似于人在思考和行动的时候的习惯。大部分企业以胜任力为基础制

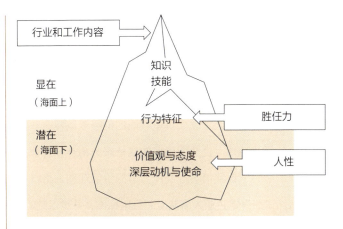

图2-1 人才的冰山模型

定人才录用标准和评价标准。不同企业与咨询公司对于胜任力的表述和区分方法不同，但相同的是应该找出企业里表现优异的人和表现一般的人在行动特性上的差异，由此整理出胜任力模型。

在此还要再次强调，员工需要具备与企业优势和企业文化相适应的人性、胜任力，再加上工作需要的知识、技术。虽然冰山的大部分沉入海底无法被看到，但海面下隐藏的人性与冰山中间部分的胜任力至关重要。

其二，要明确通过胜任力等行为特征和人格特性必须找到的共通点是什么，以及没有必要共通的部分有哪些。如果只有同一类型的人才，企业是很脆弱的，人才多样性才能使企业变强。因此，企业应该招聘不同类型的人才，但是绝对不容忽视的是这些人才需要具备共同的价值观以及企业需要的素质与行动特性。企业要确保将具备服务精神和对他人的情感理解能力、自我情感控制能力等的价值观和人格特性考虑在内，详细设定企业人事制度和录用标准，并确保它实现。

在这方面深入挖掘下去，企业自然能发现人才的质与量是否达标。对于众多企业经营者都容易陷入的"想要优秀人才"的心理，我想再次敲响警钟：是否充分定义本企业需要的"优秀"？是否对企业需求的人才有一个明确的形象？只有注意以上要点，企业才可能发展壮大。

■ 自由与纪律的 PDCA 管理

企业开始某个策划案，或者开始提供某种商品和服务之后，需要改进使其更加完善。在这个过程中，方案是不是有质量？评价机制有没有很好地发挥作用？这些是检验企业发展能力的重要视角。

如果员工不能在工作现场自由提出自己想法，找出有待改善的问题，就不能很好地应对变化，也就无法改进产品及服务。冷静接受结果，认真思考不顺利或者失败的原因，假设各种可能出现的情况，并在此基础上找到应对方法，这样企业才会变强。

在品质管理中，企业需要反复进行假设—验证以提高管理品质。通过不断重复计划（Plan）、实施（Do）、评价（Check）、改善（Action）这一过程，持续改善产品与服务的生产、管理等，这个方法就是商业上常说的PDCA循环。

不能实现PDCA循环，企业则无法进步，甚至可以说面临相当严重的问题。实际上，虽然很多企业能够实现PDCA循环，但其中各阶段都存在一定问题，没有发挥出PDCA循环。

例如，在计划阶段，看起来员工好像都在参与讨论，但仔细观察，就会发现只有少数几个人在发言，抑或是大家都在观望有影响力的人怎么说，好找到附和的方向，很少有企业能真正形成讨论氛围。评价阶段同样如此，这个阶段尤其需要客观评价所做工作，但如果是地位高的人的提案，在复盘时大家容易避重就轻，只讲好的，或者美化成果，或对需要修正的部分避而不谈，这种情况屡见不鲜。

组织诊断的重点是在 PDCA 循环中平衡好自由与纪律的关系（图 2-2），二者缺一不可。在此可以将企业分为强调纪律与强调自由两种类型。

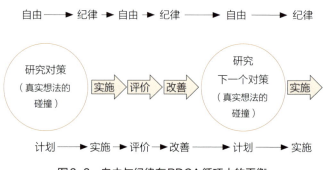

图 2-2　自由与纪律在 PDCA 循环中的平衡

强调纪律的企业行动力强，因此在实施和改善阶段会很顺利，但这类企业大多不擅长计划和评价，因为员工在这两个阶段通常倾向于等着上司发号施令而非自己思考。

反之，强调自由的企业在计划阶段通常能有很好的构思，在评价阶段也能一针见血地指出问题，以便企业向更好的方向改进。但由于缺乏行动力，往往在实施和改善阶段半途而废。极端地说，在喜欢思考与发言，但不擅长实际去做的人占多数的组织里，甚至会出现认为失败也无所谓，并先为失败找好借口再行动的人。

企业要在计划阶段让员工不受制于职位和立场，按照自己的本意自由发言；在实施阶段提高员工纪律性，将决定的事情坚持到底，因为只有做到最后，才能知道该方案是否合适；在评价阶段必须再次给予员工自由讨论的空间。例如，为何按照计划执行方案产品依然不畅销？产品的受众是哪部分人群？工作中值得肯定和需要批评的部分分别是什么？让员工对这些问题以及背后的原因展开充分讨论，并将讨论结果运用到之后的改善阶段。在改善阶段，企业必须再次提高员工纪律性，让员工在企业认可的事情上分工合作并努力取得成果。

综上所述，把握好自由与纪律的度，在二者之间取得平衡，这样的企业才能最大限度地发挥PDCA循环的价值。然而真正能够做到这样的企业少之又少。此外，在PDCA循环过程中，如果企业成员相互之间不能敞开心扉碰撞思想，是不可能想出好点子的。要想提出优秀的构思，多样性和心理安全感（Psychological Safety）不可或缺。

关于多样性，正如在人才的质与量的部分谈到的那样，不同背景、不同见解、不同思维方式的人聚集在一起更容易酝酿出好的想法。

这里的心理安全感并不是过度担心自己的言行会给他人带来影响，而是指能够让人坦率表达自己所思所想的环境和氛围。具体来说，就是让人不畏惧他人的反应、不感到羞耻，做到坦诚表达的一种环境和氛围。根据谷歌的研究，构建成功团队最重要的是心理安全感，这一研究成果也受到了日本的关注。

成长中的信息技术企业和持续创新的企业尤其重视心理安全感，理由是：这类企业追求最前沿的理念、思考能力及策划能力。此外，单靠个人的思考无法找到有创意的、能够推动创新的见解。

如果不跟自己领域不同、价值观及思维方式不同的人自由交流、进行思想碰撞，就无法在工作上产出更多创意。在这样的时代，为了创造新价值，我们要让他人的头脑为自己所用。实现这一目标不能缺少心理安全感，也就是即使说了有些奇怪的话也不会感到羞耻的心理状态。每个人的优势不同，在这种情况下，承认多样性，并且人与人之间互相尊重非常重要。

还有一种情况比较极端的说法是：计划和评价全程由经营层把控，下级员工只需要执行上级的决定就可以了，这样的企业未必需要心理安全感。自由探讨会延长做决策的时间，因此会导致企业在竞争中失败，在这种情况下抛开效果好坏不谈，单从决策速度来讲由经营层直接决定自然是更快的，因此这类企业首先追求的是执行层面的纪律。

在此我想表达的是，是否需要心理安全感是随着企业面临的状况而改变的。

平衡自由与纪律，并在短时间内让 PDCA 循环运行起来，这样的企业在竞争中占绝对优势。根据企业面临的状况，有时候只需要纪律。通过调查企业 PDCA 循环的运转模式，可以了解该企业的状态。同时，企业自身也可以从这个视角来进行自我审视。

■ 信息共享与活用

信息共享是指企业内部的知识共享。根据我的经验，包括成功事例和失败事例在内，能够活用信息与不能活用信息的企业大概各占一半。不擅长信息共享的企业再现成功的可能性低，甚至会不断重复同样的失败。如果无法在企业内部共享失败理由及背景，那么某处的失败就会在另一处再次上演。反之，能够活用信息的企业，不仅不会重复同样的失败，还会反复再现成功。个人和组织都能不断积累成果，让工作更上一层楼。

在信息共享方面瑞可利集团可谓出类拔萃。在瑞可利集团，教授他人是企业文化的应有之义，并作为一种机制被确立下来。很多企业中员工作为竞争对手不会公开自己的专业知识，教授他人更是无从谈起。但是瑞可利集团并没有这种"不亮底牌"的企业文化，员工会直言不讳地问部门里取得好业绩的同事"怎么拿下那个案子的""怎么想到那个点子的""如何推进销售进程"等问题。被问的人也会毫无保留地告诉大家自己的成功秘诀。企业内部的知识应该全员共享，因为有这样的共识，才不会出现拖后腿的情况，全员同心协力，争取实现业绩最大化。

我在瑞可利集团参与编辑求职杂志时期，也将自己独有的编辑技巧分享给全体员工。我也从编辑前辈们那里学到了很多，我们为了互相学习还常常举办学习会。很多时候即便想召开学习会传授知识和技巧，但实际上常常因为工作繁忙而无法抽身从事会场的准备工作。然而在瑞可利集团，只要想召开学习会，就会有支援这一工作的组织，该组织会一手承包会场准备和对内宣传等烦琐的工作。要在学习会上分享的人只需要准备分享内容就可以了。有了这样全面提供支持的组织，学习会召开的频率也就会不断提高。诚然，共享意识非常重要，但是创建这种机制以便更好地实现共享也很有必要。

如果能够正确看待最适合本企业信息共享与活用的方法，应该就能明白企业能够发展壮大的原因了。

■ 评价机制与报酬

为企业创造价值的人是否受到表扬？其受到的表扬与报酬是否跟待遇挂钩？

从以上评价机制与报酬的角度来看，大方向上有三点必要因素。其一，企业是否设定了统一的评价标准？其二，企业是否有一个良好的机制去发现值得鼓励的东西？其三，员工受到的表扬要怎样跟回报挂钩？接下来我将一一说明这三点。

首先关于第一点"企业是否设定了统一的评价标准"，第一章也有谈到，是指企业是否充分考虑到应该给予什么样的员工好评，并创建了相应的人事制度与机制。为了增强企业的核心竞争力，实现企业理念，必须鼓励怎样的行为以及取得什么样成果的人，如果不在充分思考以上问题的基础上创建人事制度与评价体系，员工的工作不可能符合企业预期。

关于第二点"企业是否有一个良好的机制去发现值得鼓励的东西"，让我感到意外的是，大部分企业没有这样的机制。例如，很多企业通过销售额和利润考核销售人员。为了达成最终的营业额和利润目标，很多企业将关键绩效指标（Key Performance Indicator，KPI）作为重要的考核指标，对销售人员拜访客户以及与客户商谈的次数进行量化管理。然而，就算是在重视客户满意度以及客户回头率的企业，也很少有人把握商谈满意度和业务完成后的满意度情况。诚然，企业可以通过最终的回头率数据来了解情况，但为时已晚。不管做了多出色的工作，取得多重要的成果，如果这些努力因为不能量化而不被企业认可，员工很难坚持下去。

关于最后一点"员工受到的表扬要怎样跟回报挂钩"，这是让员工按照企业期待的那样工作最重要的部分。评价结果分为好的结果和坏的结果，这应该反映在待遇上。具体措施如下：①调整包括工资、奖金在内的薪资；②调整职级；③调整职位；④旅行奖励和餐券等金钱福利。下面我们将讨论这些奖励措施是否适当。

尤其在涉及薪资和级别调整的时候，企业需要格外注意个人受到的评价的差异应该与他们的薪资、级别的调整幅度对等。如果某位员工完成了很难的工作而备受好评，但是他得到的奖金却和那些受到一般性表扬的人差距不大，那包括他本人在内的所有知悉这件事的人，想必都不愿意再去挑战高难度工作了。

实际上，很多企业虽然对员工的考核做得不错，但考核后的待遇差别却不够大。最近这一情况也有所改变，一些企业在录用新员工的时候根据对其评价而给出不同的起薪，但是很多老牌企业仍然做不到这点。如果员工的工作结果无法与待遇挂钩，终有一天不会再有人去挑战困难的工作。无论经营层怎么号召都不会有人去做，因为企业的机制已经失效了。

举一个例子，开创新业务是一项颇有难度的工作，每家企业都会要求员工提方案，但真正响应的人不多。这是因为很多人知道光是提出想法让新业务获得企业认可就很困难了，更何况一旦失败大概率会被降薪降级。但是，如果企业有一个机制用于鼓励开创新业务的人，结果又会如何？员工提出关于开展新业务的构思，如果董事会觉得可行，那么该员工晋升两级。如果业务开展之后获得成功，则该员工再升一级，万一失败也只降一级。这样一来，如果新业务取得成功，那么员工会连升三级，即使失败也比之前升了一级。如果有这样的机制，挑战这项高难度工作的人一定会增加的。

只有把对员工的评价直接反映在待遇上，才能提高员工的工作积极性。这样的评价机制会让企业变得更加强大，取得进一步发展。企业现有的评价机制是否真正适合其面临的实际情况，搞清楚这一点尤为关键。

■ 主体性与积极性

员工是否具有主体性，换句话说是否具有主人翁意识，这在很大程度上关系着企业的基本实力。

例如，公司入口处有垃圾，主人翁意识强的人就会积极地把它捡起来，这和看到自己家的垃圾捡起来是一样的道理。但内部已经崩坏或者正在崩坏的公司，员工经过的时候会无视垃圾。也许这样说有些过分，但公司墙上挂的过期海报和入口处摆放的已经枯萎的绿植也无人照料。可以说，主人翁意识的程度就体现在这些细节之处。

极端来讲，即使面前发生了火灾，主人翁意识弱的员工最多去向上级报告"发生火灾了"，而不会想着自己扑灭眼前的火。如果一家公司全是没有主人翁意识的员工，它是绝对不可能变强的。因为不管发生什么他们都会认为是上级的责任而不会自己想办法解决问题。员工对公司有多强的主人翁意识，又发挥了多大的主体性，这影响着公司的未来。进行组织诊断的时候，如果能够加入评判员工主体性的内容，就能在一定程度上预测公司的未来发展情况。

员工的主人翁意识较弱，其感知变化的触角也就不灵敏。如果客户提出新的要求，这样的人很可能会说"非常抱歉，这一点本公司无法做到"。但是，主人翁意识强的人首先会思考客户为什么提出这样的要求，并试图自主解决问题，带着这样的意识来接待客户。

"不好意思目前我们公司很难办到这点，但是为了便于我们日后不断改进和完善工作，可以麻烦您告诉我您提出这个诉求的理由吗?"

"因为没有先例所以可能不会被接受，但是请允许我将您的诉求提交给公司内部讨论。请给我们一点时间，有结果之后我一定第一时间通知到您。"

正如这样，通过将客户的诉求提交给公司确认，也许会发现到新的商机。即使不能满足客户的期待，员工的主人翁意识也能够巩固公司和客户之间的关系。在此我们假设那位员工在与客户交谈之后，向上司报告了这一情况。"因为没有先例所以可能无法实现，但是××制造厂有这样的诉求，我想也许今后其他客户也会提出同样的需求，所以可以在公司内部讨论一下这个问题吗？"

这个时候如果上司说："不要做公司没有规定的事情！"就会瞬间削弱员工的主人翁意识，让员工再也不想发挥主体性。

"虽然知道不行但还是特意来问我，一定有深层次的理由。""确实，这并不只是这个客户的问题，其他客户也可能有同样的诉求，你就好好跟我讲一下具体的情况吧。"如果像这样受到上司的鼓励，员工的主人翁意识会增强，从而进一步发挥主体性。

不只是制度、规则等有形的组织战略，与上司的沟通也同样影响着员工的主体性和积极性。

为了加强员工的主人翁意识，奖励的形式也在逐渐变化。针对领导干部的奖励，开始从以股票期权为主向现货股票转变。股票期权只有在企业经营状态好、股价上涨的时候才能让持有者获利。不同的是，现货股票涨涨跌跌，更直接关系到个人的利益。持有者为了让股票升值，也会抱着主人翁的心态工作。

只是，如果不以奖励作为诱惑，员工就不会产生主人翁意识，这样很难说企业组织发挥了很好的作用。这里存在对企业理念的共鸣问题。首先，如果无法认可"本公司要输出这样的价值""本公司追求这样的工作方式"，员工是不会有主体性的。在认可企业理念的基础上给予适当奖励，员工会感受到工作的真正价值，自然而然就会产生主人翁意识了。

价值观和方针是否真正渗透到了企业内部？企业理念是否为员工认可并能够调动他们的积极性？是否有完善的评价机制？只有厘清这些问题，才能让员工产生主人翁意识，从而积极主动地开展工作。

以上7个视点是回顾企业现状时候的评估标准，能够帮助企业认清哪些方面有待改善，哪些方面值得继续发扬。尤其需要注意和确认的是，企业是否朝着强化企业理念和核心竞争力的方向迈进。

瑞可利的机制、制度与措施
带来的启示

　　瑞可利集团是运用"组织诊断的七大视点"成功的案例，在此我想简单介绍就职集团时期其机制、制度与措施。为了便于读者参考，在此我要谈论的是"让员工自主工作的组织战略"这一更具普遍性的问题。

　　这部分内容尤其在企业成长阶段具有参考意义，对企业引入机制、制度与措施也有启发。

■ 最佳实践发表会

　　最佳实践发表会是员工互相分享成功经验的大会，在瑞可利集团叫作"海鸥大赛"。这是每年全体职员参加的知识分享会，参会者以事业部门为单位。参会者会在比赛中做工作报告，内容包括一年中最引以为傲的工作和值得全员共享的工作方法及专业知识。优胜者所获得的奖金也相当可观。

　　大家可以在会上听取优秀经验并从中学习，将所学内容应用于自身工作。瑞可利集团的企业文化是"乐于教授""乐于学习"，因此，作为分享知识的大会，"海鸥大赛"是企业最隆重的活动。这个发表会的价值主要体现在以下5点：

（1）发表会的最大价值毋庸置疑就是知识共享。

对于缺乏商业知识的年轻人来说这是一个很好的学习机会。此外，会上也会分享来自老员工的高级技能，以及打入客户内部的深层工作，所以大会对企业全体员工都很有帮助。

比赛的入围作品和进入终审的作品会被分发给全体员工供大家阅读，现在也会放在企业网站上供大家浏览。此外，因为企业提倡不懂就问，所以如果自己感兴趣的案例，或者是能够解决自己当前课题的案例，可以去请教报告者本人，这个过程中甚至可以了解到未写入报告的内容，从而在实际工作中活用所学内容。有赖于这一机制、制度与措施，不管是经验尚浅的后辈还是经验丰富的前辈，每个人的提案能力都能得到提升，仅凭这一点就能增强企业实力。

大会的另一显著效果是能给新人，尤其是新入职的员工以及工作多年但是工作技能并不娴熟的老员工带来正面影响。

在此我想稍微探讨一下瑞可利集团的老本行，即"应届

洞察人心：
实现自我驱动的组织变革

生招聘支持"的商业模式。《瑞可利》杂志是向求职学生介绍企业信息的杂志，不同于竞争对手，它并非单纯地卖版面给企业打广告，而是站在企业的立场，甚至成为企业广告内容的顾问。因此，即使瑞可利集团收费远高于同类型杂志，它仍然受到众多客户的青睐。如何改变企业形象？如何引起学生的兴趣？什么样的广告语能打动学生？瑞可利集团在充分考虑这些问题之后向企业提案，如果被采纳对瑞可利集团而言就是拿到了一个重要项目。瑞可利集团对接的通常是在企业身居要职的人，如中小企业的董事长和董事，大企业的董事和部长等。然而在瑞可利集团，负责和这些大人物对接的则是新员工，从常理上来看也许觉得很草率，但其实这是一个绝妙的商业模式设计。新员工一年前还是学生身份，自然最了解求职的应届大学生的心情。刚入职的新员工不熟悉工作再正常不过了，但这对从事应届生招聘相关工作来讲反而是优势。刚进公司和进公司几年的年轻人越能就他们对招聘企业所在行业的看法以及自己感受到的企业的魅力畅所欲言，就越容易引起招聘企业的兴趣。可以说，瑞可利集团的新职员们结合自身经验对开展应届生招聘工作的企业提出的意见十分中肯。由此可见，瑞可利集团商业模式的优越之处在于该模式下即使是级别最低的新员工也能发挥自身优势，最大限度地创造价值。

这种模式也有弊端。虽然年轻员工很了解学生的想法，但并不熟悉商业知识和销售方法等。因此，最佳实践发表会很有必要。因为大会上会分享各种知识，如：做调查的时候怎么设计调查内容才能更好地表达自己的想法？怎么展示自己的方案更能获得客户认可？提案之后如何跟进才能使它顺利进行呢？可以说，召开最佳实践发表会的机制、制度与措施起到了很好的强化商业模式的作用。

（2）发表会具有另一种知识共享的价值，它被称为交互记忆（Transactive Memory）。

"交互记忆"是社会心理学家丹尼尔·韦格纳提出的关于组织学习的概念，它并不是指让组织全体成员记住同样的知识，而是只需要记住组织内哪些成员是哪方面信息的专家即可——当需要这方面信息时就可以向其询问。共享"谁是某方面信息的专家"而非"信息"，这对加强组织学习效果及提高组织能力意义重大。

简单来说，知道组织中哪些成员是哪方面信息的专家，如果有不懂的问题直接去问最了解该问题的人，通过这样的方式把那个人掌握的信息变成自己的东西并加以活用。一般来讲，说到信息共享，普遍认为组织成员全部记住同样的东西很重要。但是人的记忆总量有限，所有成员记忆相同的东西这种方式并不高效。另一方面，如果组织成员能够成为某些领域的专家，加之组织内共享"想了解这方面的问题，就问这个人"这样的信息，组织全员知识的深度和广度都会得到进一步拓展。

瑞可利集团有各方面的人才，如擅长通过调查来做企划的人；熟知怎样才能被中小企业成功录用的人；擅长提出在大企业内部很具说服力的企划案的人；掌握面试技巧的人等。在最佳实践发表会上，瑞可利集团会分享谁具备哪方面的知识。当然，任何人都可以学习这些知识并活用于自身工作。这一机制不仅能提升个人的能力，同时也能增强企业的整体实力。

（3）这是感受自我成长的机会。

要想对工作始终保持饱满的热情，就需要你与认可自身存在、互相尊重的伙伴一起工作，也就是和周围的关系非常重要。此外，感受到自己能挑战各种高难度工作的能力感，以及自己能决定一切的自律性和自主性也很有必要。如果再加上一项成长感，就能鼓舞人的干劲。从这个角度来看，以最佳实践发表会为契机每年梳理一次自己的工作意义非凡。扪心自问"积累了怎样的成功经验？""为什么能够成功？""失败在哪里？为什么失败？""这一年学会了什么？是怎样学会的？"从而冷静地进行自我分析，让过去的工作经历成为宝贵的经验。

通常来讲，工作会一直持续，没有尽头。完成一个项目又会无缝进入新项目，这让人感受到没完没了的日常。在这个过程中真实感受到成长的机会不多。但是，若以一年为时间点，这个长度不长也不短，正适合一个人回顾自己好。大部分人或多或少都在成长，如果能切实感受到自己会做的事情增多了，自然而然人就会思考下一个目标。反之，成长滞后的人也会猛然意识到收获甚少这一客观事实。从而清楚地认识到继续这样下去是不行的，同时弄明白自己应该做的事情究竟是什么。

如果最佳实践发表会这种机制能够很好地发挥作用，人会切实感受到自我成长，这也将成为督促自己迈向下一个目标的原动力。

（4）让员工切实感受到自身工作有益于客户和社会。

向资深员工请教工作方面的问题会让年轻员工重新认识

到自身的工作价值。他们会希望未来的某一天自己也能像前辈们一样，从事对客户和社会有益的工作。这是每位员工认真对待工作的前提，同时也能增强员工的自信。

（5）解决人事评价相关课题。

大部分人很难意识到这一价值。任何企业在人事考核的时候，都会为向员工反馈评价结果而感到苦恼。特别是反馈面谈的时候，相信很多管理人员都有像下面被员工追问的困扰吧。

"为什么对我的评价这么差呢？我做了这么多事，应该得到更好的评价。"

这种时候管理人员感到困扰的原因在于评价标准没有好好传达给每一位员工，而最佳实践发表会的效果之一就是全员共享评价标准。

例如，进入公司第三年的员工表达对自己受到的评价不满的时候，可以这样告诉他："看了最佳实践发表会的报告吗？你认为和你同期的人工作表现如何？我认为你可以达到甚至超过那样的水平。但是，这次你暂时没有做到，所以给你的评价是B。希望你再接再厉，期待你下次的表现。"

于是，通过横向比较，各层级员工都可以直观感受到工作质量的衡量标准。一般来讲评价某人的时候，与他人作比较是不好的。但若是众所周知的事情，即使是做比较，心理上的抵触感也会减弱，这样反而更容易将意思传达给当事人。如果没有对工作水平的相对客观的衡量标准，员工很容易对自己得到的评价感到不满。每个人都对自己很宽容，因此往往会想："我已经做了这么多，为什么只得到C？"相对来说一直督促着部下工作的上司也许直觉上明白其中的缘由，但要将其形成语言传达给部下却非常困难。这种时候，如果企业有指标能够衡量工作水平，并且在全公司范围内共享，成为上司与部下的共识，双方意见就很容易达成一致了。

最佳实践发表会在通过知识共享提高工作水平的同时，也让员工切实感受到了自我成长，提升自豪感。同时大会还给出了对员工的评价基准，这些都是它的价值所在。制定企业机制、制度与措施的时候，应该充分考虑到这样的价值与功能。

■ 新业务提案制度

瑞可利集团有一年一度自由提案的制度，提案内容包括针对新业务和现有业务的新工作方式等，该制度被称作

RING（Recruit Innovation Group）。直到现在，瑞可利集团的很多新业务也诞生于这一制度。任何一家企业都不可能单靠一项业务获得永远的繁荣，因此需要开拓新业务。此外，为现有业务注入新想法也会让它焕发新活力，从而提升员工的业务水平，延长商业寿命。但实际上，不管企业高层怎么说"创造新产品和新服务吧"，却很难真正做到创新。究其原因，是没有一个完善的、以此为目的的机制。

瑞可利集团的新业务提案机制有两个特点：

首先，如果新业务的提案被企业认可并通过，那么提案者就可以正式立项。也就是说，提案者的目的，是为了真正开展自己想做的新业务。自然而然，对新业务的构思、具体的业务内容和资金计划也就更具现实性。正因如此，企业才能不断开拓新业务。

其次，非常规合作。和自己所在部门等原有团队一起合作固然不错，但是更应鼓励员工在条件允许的情况下跨越部门与组织，和各种各样的人组成团队进行合作。

如果只和现有的合作伙伴交流，思维难免受到局限，跳不出现有业务的框架。当然，并不是说强迫自己和不熟悉的人组成团队，但是尽量和其他部门的伙伴一同工作，这有利于融合企业员工不同的价值观与观点。通过跨越组织壁垒、共享各类知识，很容易推动革新，为社会输出新的价值。瑞可利集团这一制度进一步发展，甚至开始允许企业外的人参与。

实际上，因为新业务的提案聚集到一起的其他部门的成员，也时常来帮助本部门日常的工作。以此为契机与他们认真交流，进一步深入沟通，使得员工之间也更加紧密。这也是很关键的一点，这种新业务提案的机制、制度与措施也有助于提升员工的日常工作水平。

■ 目标奖制度

目标奖制度是给予完成目标的组织特别奖金的制度，在瑞可利集团它被称为Goal-in Bonus。当时，这是以叫作"利润中心"的利益共同体，也就是部门为单位来互相竞争的，也会以销售同一种产品的科室为单位竞争。若是在竞争中获胜，撇开定期奖金不谈，只是一次性奖金就相当可观。

达成目标就会得到奖金，这是企业的常规操作。瑞可利集团的不同之处在于，它有关于一次性奖金的获取方式的规定。如果该组织全体参加员工旅行的话就可以得到全额奖金，如果不参加则只能拿到一半。之所以这样规定是因为，以团体为单位工作的时候，除了正式场合的交流，私下的交流也很有必要。要在团体内部构建紧密的人际关系，工作之外一边喝酒一边增进交流；运动会上团结一致，士气高涨；和同事一起团队旅行等方式都有显著效果。但是也有人不喜欢在工作以外的时间和同事待在一起，所以我想也会有企业因为强制员工旅行而遭到员工反对。

实际上年轻员工对员工旅行意见诸多，如"不喜欢非工作日也要受到约束""不喜欢被强制"等，这导致一段时期内员工旅行的势头弱了下来。但是，瑞可利集团现在又开始重新考虑这个问题，与此同时员工运动会也有复兴趋势。这样做的背景是企业重新深刻认识到如果没有良好的人际关系作为基础，团队就无法出色完成工作。工作期间与工作之外的交流，以及正式与非正式交流的必要性在此不再赘述。企业成员是朝着同一目标互相帮助、共同前进的伙伴。如果在完成工作的时候只有"请这样做""好的，明白"这种程度的交流，关键时刻则无法建立起真正的信赖关系。

团建活动和各种保障员工心理安全感的手段不断增多，这为建立良好的人际关系，创建一个比以往更加坚固的组织打下基础。瑞可利集团不惜在这上面投入巨大成本，也是因为这样做效果显著。个人能力固然重要，但是只有在团队互相帮助、团结一致、有集体荣誉感的基础上，工作质量和效率才能进一步提升。如今瑞可利集团重新认识到了这一价值。

目标奖制度能够激发员工参与工作的积极性，毕竟每个人都想拿到一次性全额奖金。但如果奖金金额太少，仅员工旅行就能花光，员工则无法攒下奖金，因此大多时候奖金金额会超过旅行费用。如果不参加旅行奖金数额会减半，想必大部分人还是会选择心情愉悦地参加旅行并拿全额奖金吧。该制度下，只要没有要紧事，所有员工都会参加旅行。不强制员工，而是让员工按照自由意志自主选择参加与否。虽然只是一件小事，但是这种不参加旅行就只能拿到一半奖金的制度是一个非常有效的方法，可以通过非强制手段让几乎所有员工参加员工旅行。

当然，这些只有在员工理解非工作时间及非正式交流的重要性的基础上才能成立，这就是所谓让人自己动起来的机制。在这个交流密切的时代，即使是偶然相邻而坐的两个人也可能通过邮件或聊天软件进行沟通，这自然意味着增加组织整体感的机制、制度与措施也就越发重要。

■ 长期休假制度

长期休假制度也叫"阶梯式假期"，它是指工作 3 年就能有 4 周假期的制度。这不仅是带薪休假，而且还能额外领取 1 个月的基本工资作为阶梯休假津贴，可以说是非常贴心的制度。实际上因为每个人都很忙，所以未必能保证 3 年休假一次，但四五年一次是没问题的。

当时的瑞可利集团员工平均年龄较小，很多人利用这个假期去国外旅行。也有人利用这个时间去做志愿活动，或者作为自我启蒙，集中学习一些平时无法学习的东西。企业鼓励员工通过这个制度获得一些日常没有的经验，增加见闻。给员工 4 周的带薪休假，并且支付 1 个月的基本工资会对中小企业造成很大的负担，但是这一制度有利于企业今后的发展。因为瑞可利集团本身是日本企业，所以当时瑞可利集团的各项业务基本是在日本进行的。当然，瑞可利集团并非完全没有开展国外业务，也有在国外发行面向留学生的招聘信息杂志，只是日本的业务在比例上占据压倒性优势。以日本为中心开展业务难免会降低对国外情况和新商业潮流的关注度。从这个意义上讲，长期休假制度为员工提供了一个放眼世界的绝佳机会。

1989 年柏林墙倒塌，那之后我曾短暂游历东欧诸国，这段经历让我受益良多。很多企业打入东欧国家并将它们作为生产据点，一个很重要的理由是当地的劳动力廉价，身处那个环境中我才得以理解这种经济差距。

去美国的同事也带回了他们在当地的新见闻，当时美国正处互联网蓬勃发展阶段，很多新事物应运而生。

就这样，员工们去到不同的地方开阔视野、增长见识，并带回各种各样的见闻。正因如此，为这个制度投入再大的成本也很值得，因为它产生的附加值是加倍的。

此外，该制度还有一个目标是培养人才。当时还不能利用互联网自由发送邮件来推进工作，所以员工出国之后联络起来并不像现在这样方便。于是上司和前辈的休假迫使下级和晚辈们在工作中迅速成长起来，以便接手他们的工作。

因为事先知道会有 4 周时间外出，上级和下级、前辈和晚辈会考虑周全这期间可能出现的各种情况，交接明白，做好万全的准备之后再开始休假。假设休假过程中发生了突发事件，因为联系不便，所以留下来的年轻人必须自己做出判断及应对问题，因此，度过这 4 周的年轻人会有很明显的进步。

如今世界上大部分地区都可以很方便地取得联络。但是，上级和前辈不在的时候，下级和晚辈自己思考，独立解决问题的经历同样会让人成长。当然习惯于依赖上级和前辈的人，也会成为自立、自律的人。即使在现在的时代，为了培养人才，我们同样需要一种机制来创造自主的环境以促进新人成长。

■ 40 岁退休制度

当时瑞可利集团有 40 岁退休的制度。现在看来不足为奇，但是以前我在演讲或者研讨会上谈到这个的时候，大家总是倍感吃惊："40 岁退休，这是多过分的公司啊！"

准确来说，并不是到了 40 岁就必须离职。员工不会被公司强行赶走，而是可以自主选择，退休的人可拿到一笔丰厚的退休金。让员工 40 岁退休的条件是除了规定的退休金，公司还会额外支付其 1000 万日元。为什么是 1000 万日元呢？因为当时规定，成立股份有限公司需要 1000 万日元的注册资本。为了让退休员工能创办公司，所以额外支付他们 1000 万日元。设定 40 岁这个年龄也是有理由的，要自己创业或者开始某项事业，精力和体力尤为重要。20 多岁开始工作到当时普遍的退休年龄60岁，40岁正好处于中间阶段，正是奋斗人生的中间点。

最重要的是，包括我在内的很多员工在入职瑞可利集团的时候原本就想着未来的某一天要自己去做一项事业，因此当时我也是为这个制度感到开心的人之一。

实际上这项制度成立的前提是瑞可利集团员工的思想特征。早在招聘的时候，瑞可利集团就录用了大量"想自己做点什么"的人。这类人被称为"自走型"，瑞可利集团青睐这类人才并录用他们。瑞可利集团的机制、制度与措施与员工的价值观是相适应的。如果公司中害怕独立并想在一家公司工作一辈子的员工较多，显然这样的制度就不合适。

当时大部分员工赞同瑞可利集团的这项制度。该制度正式实施之后，很多员工开始思考自己的第二人生。换言之，很多人做好了40岁创业或者迎来人生转机的心理准备。

这项制度的创建非常合理，在具体实施层面，38~42岁的员工通过该制度退休都能领到全额的额外退休金。超过42岁之后领到的额外退休金会大幅降低，再过几年之后就只能拿到和正常退休一样的退休金了。

假设以40岁为起点，1000万日元的额外退休金以每年

100万日元的幅度减少，适用该制度的年龄到49岁为止。如果这样的话，40岁左右退休的人应该不会有那么多。然而只有38～42岁退休才能领到全额的额外退休金，这种规定下这期间退休的员工人数占据压倒性优势。可以说这是制度推动行动的典型案例。

"40岁退休制度"给企业带来的优势在于能够促进企业的新陈代谢，让企业时刻保持活力；对员工来说，领到额外退休金也给了自己一个开启第二人生的机会。

此外，该制度本身也释放了很重要的信息，那就是"40岁之后请尽情探索自己的人生吧！"如果充分认识到这一点，就能够尽早开始规划40岁之后的人生。我也是从进入公司开始，就想着未来的某一天要离开公司，靠自己的本事生活。这一制度让我更加明确了自己的想法并最终付诸行动。

实际上我在参加各种培训的时候，关注的不仅是培训的内容，也会注意学习主讲人的一些培训方法。我的笔记本左边记的是培训内容，右边记的是讲师为活跃气氛讲的一些小段子，甚至连他调整呼吸的时间点我也记下来了。因为我站在讲师的角度接受培训，所以同样的时间吸收到的内容却多了好几倍。由此可见，企业的机制、制度与措施甚至能够改变人的生活方式和思想觉悟。

企业必须考虑到制定的机制、制度与措施对员工心理层面的影响。反过来说，就是必须充分思考制定怎样的机制、制度与措施才能对员工心理产生积极影响。如果不思考这个问题而只进行形式上的调整，员工的行为并不会因此改变。

组织服从战略？战略服从组织？

关于这部分，我想结合瑞可利集团的案例告诉各位读者，必须在理解企业目前所处状况的基础上制定相应的机制、制度与措施。

长远来看，应该以理想为目标创立组织，并制定相应的机制、制度与措施。但是短期来看，企业要充分考虑凭借现有的人才能够走多远，并制定能够提升行动力的机制、制度与措施。在此把握好"组织服从战略"还是"战略服从组织"这一永恒的命题尤为关键。

美国经济学家艾尔弗雷德·D. 钱德勒❶认为，不同的经营战略需要不同的组织，也就是"组织服从战略"。可以说不管是从零开始建立的组织，还是已经存在的组织，从中长期来看，都是随着战略而变化的。战略是为了实现其上位概念（即企业理念）而存在的，为了实施战略又需要创建组织

---

❶ 艾尔弗雷德·D. 钱德勒（Alfred D.Chandler，1918—2007年）：伟大的企业史学家、战略管理领域的奠基人之一。——译者注

架构、募集人才。企业需要能够达成以上目标的机制、制度与措施。

另一方面，俄罗斯经济学家伊戈尔·安索夫❶则认为战略被组织的力量左右，所以他提倡"战略服从组织"。实际上，某些情况下并没有足够富余的时间来从头开始创建新的组织，而是被迫短期内对企业做出改变。

例如，智能手机的普及导致对小型相机的需求锐减，这种情况下相机生产厂家若是再不采取措施将面临倒闭的风险。这时必须在现有组织能力的基础上研究新的战略。既有的人才和组织能力无法一下子改变，因此，在这种局面下，企业需要能够最大限度地发挥人才和组织能力，同时制定能够统领全局的机制、制度与措施。

制定企业机制、制度与措施的人要始终牢记"组织随着战略变化"和"战略随着组织变化"这两个命题，并根据情况分别对其加以使用。同时，他还要冷静思考企业现状，做出正确决断。

《从优秀到卓越》作为经营学名著广为流传，其作者吉

---

❶ 伊戈尔·安索夫（H.Igor Ansoff，1918—2002 年）：战略管理的鼻祖。
　　——译者注

洞察人心：
实现自我驱动的组织变革

姆·柯林斯❶在书中谈到，让谁上车非常重要。"首先要请合适的人上车，送不合适的人下车，给合适的人安排合适的座位，然后再决定行驶的方向。"换言之，"让谁上车"比"做什么"更重要。在此基础上加上我本人的思考，就是让不适合企业文化的人下车，只让适合企业文化的人上车。如果再加上能够提升"车上的人"积极性及最大限度地发挥他们能力的机制、制度与措施，车一定会向着成功的方向稳稳前进。

---

❶ 吉姆·柯林斯（Jim Collins）：著名的管理专家及畅销书作家，影响中国管理十五人之一。——译者注

从迅销集团柳井正先生处学到的
"成功与失败的分水岭"

在迅销集团，董事、执行董事会频繁开会，并在会上做各种决策。在这种会议上，经营者柳井正先生并不会一开始就发言，因为他先发言，后面的参会者只会提出与他相同的意见。柳井正先生的发言靠后，这样大家才能畅所欲言，把自己最真实的想法拿出来讨论，并在此基础上做决策。

有时候，大部分董事反对某个提案，但是最后柳井正先生会拍板说"就这样做吧"，从而让这个提案得以施行。我曾在会后向柳井正先生询问其中缘由。

"尽管有很多反对的声音，但您最后还是决定要做。这是为什么呢？"

得到的答案是这样的："如果要和他人经历同样的失败，那你应该比任何人要更早经历。"

这就是关键。

要去做一些前所未有的事情之前，如果大部分人赞成，其实已经晚了，因为这时候大概率已经有人这样做了。因此要第一个发起挑战，比谁都早经历失败，并从失败中比谁都更早发现成功的秘诀，这才是最重要的。

我把柳井正先生的这个观念称为"成功与失败的分水岭"。柳井正先生在他的第一本书《一胜九败》中谈到"在不构成致命伤的前提下比任何人都早经历失败"的重要性。实际上柳井正先生也经历了各种各样的失败。

例如，他此前创立了优衣库的姐妹品牌"FAMIQLO"和"SPOQLO"，但并不顺利，很快就关店了。除此之外，柳井正先生还做了各种尝试，不断试错后才有了如今的商业模式。他在国外开店也失败了很多次，我在迅销集团工作的时候，迅销集团在英国开了 21 家门店，以此为拓展海外版图的第一步，但并不顺利，后来规模缩小到 6 家。正是因为在失败中不断摸索，在重复 PDCA 循环的过程中掌握方法，才能促进迅销集团成长，并在之后取得了海外销售额超过日本国内的良好成绩。

认真持续做某事但最终失败，失败也会带给你礼物。所谓失败乃成功之母，这个道理只针对认真总结失败原因、不断摸索、抱着势必成功的决心努力前进的人。

基于这样的觉悟找到"成功与失败的分水岭"是掌握命运的关键。分水岭是指下雨的时候，水流向山脉两侧的交界处。企业运营中最重要的是找到这个"分水岭"，也就是成功的关键。找到之后通过不断验证来加深认识，最终坚定信心，此后就可以大展身手夺取胜利。这正是柳井正先生的成功模式，也是迅销集团的成功模式。

正如所谓"昙花一现"，某种产品与服务在某个时间段能够成为爆款，但很少有企业能持续推出热门产品与服务。因为他们没有掌握产品受欢迎的真正原因，没有找到"成功与失败的分水岭"，凭着直觉大干一场，终将导致难以弥补的失败。

迅销集团之所以能够持续赢利，是因为在找到并确定"分水岭"之前，经历了很多不足以造成致命伤的小失败。然后在找到"分水岭"之后，立刻大放异彩。在此还要说明的一点是，企业只有大规模地加入市场竞争，赢利的可能性才更大。千辛万苦找到了"分水岭"，如果只是以很小的规模加入竞争，获得高额利润的可能性较低。更糟糕的是被行业巨头嗅到商机，抢占胜利果实。

所有的热点和创新，一定是抱着强烈主人翁意识的人，在失败中不断摸索，找到"分水岭"，并最终取得重大突破之后获得的。

"不承担风险就无法赢利。"这是柳井正先生的口头禅。当然，公司必须努力让风险最小化，但是完全不承担任何风险是无法赢利的。找到"成功与失败的分水岭"之后，承担风险，一决胜负。我想正是因为优衣库一直以来持续寻找"成功与失败的分水岭"，才能成为在全世界广受欢迎的品牌。

第 **3** 章

成为优秀企业的
思考框架

————

找出问题和优势，
制定企业需要的
机制、制度与措施

找出企业的问题和优势，导向理想企业文化的思考框架

本章我将介绍找出适合企业的机制、制度与措施的方法。表3-1就是我在实际经营指导中所运用的思考框架。它非常简单，适用于任何企业及个人。

表3-1　成为优秀企业的思考框架

优秀企业文化 （想保留、想强化的企业文化）	理想的企业文化
不良企业文化 （想改变的企业文化）	

我来说明一下使用顺序。首先分析企业现状，找出企业现存的具体问题及应该保持的优势，填入表3-1中左侧的版面中。上面的"优秀企业文化（想保留、想强化的企业文化）"就是我们找出的应该保留的优势，下面的"不良企业文化（想改变的企业文化）"就是企业目前存在的问题。下面请大家看表3-1右侧的版面，就是"理想的企业文化"。这部分与企业现状无关，而是要填表人描绘出企业追求的理想状态。

实际应用思考框架的过程中，我希望大家始终记住我在"组织诊断7大视点"中介绍的：①决策方法与速度；②价值观与方针的渗透；③人才的质与量；④自由与纪律的PDCA管理；⑤信息共享与活用；⑥评价的机制与报酬；⑦主体性与积极性。企业要在分析现状的同时思考上述各视点中什么在发挥作用，什么没有发挥作用，以及哪些应该如何完善，帮助企业向理想型靠拢。

明确了优秀企业文化、不良企业文化及作为目标的理想企业文化之后，企业需要能够打破现状，有助于进一步向理想企业文化靠拢的机制、制度与措施。此外务必牢记的是，引进的机制、制度与措施要能强化企业现有的企业理念（社外规范与社内规范）与核心竞争力。

具体顺序我将在每个环节逐一说明。

全面挖掘优秀企业文化与不良企业文化

在此我想重申思考框架的构成。表3-1左侧的"优秀企业文化"和"不良企业文化"处填写基于现状分析的结果。所谓优秀企业文化就是想保留的企业文化或想强化的企业文化，不良企业文化则是想改变的企业文化。

很多公司都倾向于单纯考虑不良企业文化，并且认为只要改善不良企业文化企业就会顺利发展。诚然，剔除不良企业文化非常重要，但是如果没有应该保留的优势（优秀企业文化），企业本身的价值就有可能出现动摇。改变企业有必要全面分析以上两方面的内容。

重视企业现状分析并从两个方面来具体实施，我这样坚持是有理由的。现状分析不充分的状况下展开的讨论容易走向错误方向并最终导致失败。这就如同对待疾病，未找到根本病因就贸然治疗，即使偶然治愈，也大概率会复发。企业文化同理，如果不能清楚认识企业文化能否顺利渗透及其背后的原因，不管是成功还是失败，都需要源源不断地应付问题。为了避免出现这种情况，我建议企业不采用治标疗法，而是将优势和问题都作为治本疗法的一环来探寻现状。

优秀企业文化催生成功典范，企业分析优秀企业文化正是为了找到方法再现成功。对于偶然的成功，也要提高其发生的概率。不良企业文化催生失败案例，企业分析不良企业文化就是为了杜绝这些失败，同时千方百计找到改变之道，向理想的企业文化靠拢。按照顺序，我们将从筛选优秀企业文化和不良企业文化两个方面入手。

在实际的组织变革咨询中，现状分析多以团队工作的形式进行，故本书将介绍这种方法。当然，各位读者也可以根据情况，尝试以个人的形式进行现状分析。自己开始尝试，然后让周围的人参与进来，这样的方式也可以。

因为组织变革的项目成员必须是真正想要实施改革的人，所以要把企业的骨干成员和负责企业改革的人事工作人员召集起来共同商讨。这一阶段，一部分骨干人员或者人事成员会认为没有改革的必要，这种情况时有发生。这时就要从共同对现状进行分析开始。因为，现实中并不存在完美的企业，现状分析的过程中参会人员自然会意识到变革的必要性。

组织变革绝非易事，必须研精覃思才能取得成功。因此成员们对组织变革怀抱同等的热情非常重要。没有主人翁意识、感受不到紧迫感的人是无论如何都不可能坚持下去的。反之，如果一丝不苟进行改革，企业势必会有所变化。毋庸置疑，要实现变化，过程和时间缺一不可，但只要坚持下去，企业一定会循序渐进地持续发生改变。

对组织变革的想法达成一致后，每一位参会者都要在不和其他任何人商量的情况下想出优秀企业文化和不良企业文化各100条。大多时候这可以作为下次会议之前的任务，当然，也可以在会议上当场完成。

具体做法是请参会者将想到的内容写在便笺上。例如：在醒目的位置写下自己认为的优秀企业文化，并在下方标注为何会如此感觉以及这是基于何种事实得出的结论。

这些标注就是我们需要的重要信息。这是因为多数情况下人会从某种现象或者事实中有所感悟，或者通过他人的意见形成自己的看法，而清楚地了解让自己产生某种感想的事实依据是很重要的。实际上，自身想法产生的事实依据有时并非经过自己亲自确认的事实，而是从其他人那里听到但自己却信以为真的内容。然而有时候从旁人那里听到的话实际上是捕风捉影，是否属实还有待考证。

此外，重视"为何会如此感觉和基于何种事实得出的结论"还有另外一个原因，即积累的事实越多，就越容易找到问题的原因及解决对策的关键点，也越容易发现应该从何处下手来解决问题。

那么，为什么是100条呢？从我此前的经验来看，大约前30条所列举出的都是抽象程度高度相似的内容。例如："我们公司存在沟通不畅的问题""上下部门之间的交流不顺畅""很多人对评价不满"等。

但是，光是说着"我们公司沟通存在很多问题"，是无法找出解决对策的。这是因为，单从抽象性很高的概念化事实来看，无论如何思考都无法找到解决问题的突破口。最初列举的30条可以是与此相似的内容。因为根据直觉所想到的内容也源于个人经验的累积，是非常重要的信息。但是如果想要写出50条甚至100条，那么不经过深思熟虑的话则很难完成。这个时候每个人列举的内容就会出现差异。

"下达的指示很难执行"，这是因为"即使对A部门下达了指示，得到了肯定的答复，但他们还是完全不行动"，这样的内容是找到问题所在及其背后原因的重要线索。

我们要将便笺贴起并分类，召集全体成员一起就问题的原因及因果关系进行分析和讨论。例如，A 部门的现象是其他部门也会出现的普遍问题吗？还是因 A 部门特有的某些原因而导致的问题呢？由此就可以引发我们思考以下问题：A 部门为何对下达的指示无动于衷？导致 A 部门不行动的原因何在？仅仅是 A 部门负责人的问题吗？是否存在让负责人感到棘手的问题？是部门负责人和成员之间的问题还是部门之间的问题呢？等等。

同一现象出现的原因也可能是多种多样的。即便是部门负责人个人的问题，也有必要继续追问：是因为能力不足吗？是因为能力很强但不知道判断标准而无法判断实施指示的效果好坏吗？虽然明白评估标准，但是害怕承担判断结果所以无法行动吗？做出判断之后，因为必须直接向总经理或者董事报告，心理上有负担而无法行动吗？通过对这些问题刨根问底找出真正原因。

每一位项目成员都要提交写着优秀企业文化的 100 张便笺和写着不良企业文化的 100 张便笺。假设组织变革的项目成员有 10 人，仅优秀企业文化这一项就已经收集到了 1000 条。同样，不良企业文化也收集到了 1000 条。越是深入思考这些内容，越会发现每个人所写内容的差异。这样一来，就能不断挖掘出一线出现的关键问题。问题的本质就存在于细枝末节中，变革的线索正是隐藏在这2000条意见堆成的"宝山"之中。

完成便笺工作之后，如果有对企业文化这一概念仍有不清楚的地方，请结合第二章"组织诊断7大视点"，从以下几个角度来思考，找到自己认为的企业优势及不足之处。

作为挖掘事实的突破口，以下我将介绍5种拓展思考的方法。

①根据日常业务拓展思维的方法。

纵观自己所负责的部门以及整个企业的动向，尝试联想在一天的工作中，有没有自己想要赞赏的事情或者觉得非常糟糕的事情。同样，将一天拓展为一周、一个月、一个季度、半年、一年的时间单位来具体思考。这样实际上会在脑海中一边思考，一边随着时间轴的移动回想起各种事情。

②根据组织出现的实际问题拓展思维的方法。

尝试将目光转向人和组织的关系。例如，"正式员工和兼职员工之间的问题""科长与成员之间的问题""科长与部长之间的问题""部长和董事之间的问题""科室与科室之间的问题""部门与部门之间的问题""与客户的关系中存在的问题""与贸易对象的关系中存在的问题"等。把具体的名字对应到这些问题中，线索将层出不穷。记住这些线索，一边回顾日常一边思考，将察觉到的事情记录在便笺上。

③根据企业理念的实现情况拓展思维的方法。

将企业理念，也就是社外规范和社内规范牢记于心，在此基础上思考企业应当追求的理想行为、可以促进理想行为的状态及与之背道而驰的状态。

④根据关于核心竞争力的行动来拓展思维的方法。

从强化核心竞争力这一视点来看有无企业应当追求的理想行为及企业应当摒弃的不理想行为。

⑤根据全公司的规则来拓展思维的方法。

尝试将焦点聚集在企业整体的机制和规则上来思考，可以说人事管理机制是应用这个方法的典型，其中包括晋升、降级、考核结果确定之后的流程、考核指标、反馈等众多视角。规则也是遍布全公司的，除了人事管理规则，还有财务部、会计部的相关规则等。应该在思考以上内容的同时找出其中值得鼓励的优秀机制及无法遵守、徒有形式但实际上毫无意义的机制。

若是用以上5种方法来拓展思维，也许100条远不足以将企业的问题与优势囊括其中。如果想出了成千上万条的话，希望大家能够按照优先顺序从中筛选出100条。

摒弃先入为主的观念，以 KJ 法整理课题

全体成员共同探讨各自想出的100条优秀企业文化和不良企业文化，与此同时将其中相似的内容进行分组。这个过程中我本人推荐的方法是 KJ 法 ❶。KJ 法是文化人类学家川喜田二郎 ❷ 在其著作《发想法》中介绍的一种整理数据的方法，因发明者的名字首字母缩写为 KJ 而得名。

KJ 法的亮点在于按照相似性将集中到一起的众多信息进行分组，并为每组定标题、贴标签，整理每组之间的关系并进行图解，整合上述内容写成文章。基于以上步骤，人们就能找出导向问题本质的突破口或者新问题的解决方案。

如何改变企业文化，如何制定机制、制度与措施，这是一个持续探求没有正解答案的过程。或许川喜田二郎先生

---

❶ KJ 法又称 A 型图解法、亲和图法（Affinity Diagram）。它是全面质量管理的新七种工具之一。将处于混乱状态中的文字资料，利用其内在相互关系（亲和性）加以归纳整理，然后找出解决问题新途径的方法。——译者注

❷ 川喜田二郎（Kawakita Jiro，1920—2009 年）：理学博士，著名文化人类学家、藏学家，是著名的创造性问题解决技法 KJ 法的创始者。——译者注

正是试图探寻人类文化这一没有正解的问题，在此过程中才创造出了KJ法。企业文化（的分析）和人类文化（的分析）都形成于"人的经营"基础之上，从这一点来看二者有相通之处。人们会从文化人类学的野外考察中会获得数量庞大的信息，KJ法原本就是作为将这些信息进行高效整理的方法而被创造出来的，因此要以事实为依据分组，并解读各组间的关系。

KJ法尤其适用于整理企业文化。这是因为如果先自行确定讨论框架，就很容易有疏漏。多数情况下想要分类要先决定框架。框架定下来之后将问题填入其中进行分类，这样做速度更快。但是这种方法的弊端在于容易只看到框架内的问题，而忽略了没有被录入框架中的问题，从而导致无法理解问题的根本结构。

若是在头脑中以先入为主的观念形成框架之后再思考企业文化，就会产生如下弊端：预先整理好"成员与经营层之间的问题""部门之间的问题"等，实际上还隐藏着不少各种各样复杂的问题，这些问题就会被归类到已经准备好的框架当中。然而，如果按照KJ法自由发挥想象，被预判为归类到"部门之间的问题"这一框架中的事态，可能会被贴上

"部门之间互拖后腿"或者"相互较量的状态"等更加突出核心问题的标签，这样更有利于理解问题本质。

"部门之间的问题"等乍看是原因，实际上是相当宽泛、模糊的概念，完全无法从中理出头绪并解答。但是，如果列举出由各部门之间"相互较量的状态"引发的事实，就能找到问题出现的原因并及时解决。

在此我将介绍如何利用KJ法整理优秀企业文化和不良企业文化。二者的做法相同。

步骤如下：首先共享大家提交的100条事项及提出的理由，之后凭直觉将相似的内容集中到一起。这样一来，就能够形成几个模块（组）。既然有大模块，自然也会有集中内容相对较少的小模块。如有必要，可以考虑将大模块进一步细分。

下一步，给每一个模块添加标题，这也可以凭直觉来进行。为何会感觉这部分模块的内容很相似，通过标题体现其中缘由。标题体现的内容多种多样，如客观表述问题现象、现象出现的原因、这些原因造成的影响等。不论是哪种情况，本阶段重要的是关注细微差别，自由添加标题。例如，"资深员工与新人员工之间的问题""因为说出来的问题必须去解决，所以为了不解决问题而对问题视而不见的现象""因无法得出结论而陷入停滞的事情"等。

给各个模块添加标题之后，接下来就要考虑模块之间的关系。然后集中相似模块，区隔不相关模块。另外，将模块以因果关系结合，以时间轴连接，考虑它们之间的关系并建立连接。

实际操作中可以在A3或者A4大小的纸上贴上标签来创建模块并写上标题。这样就可以一边移动贴有标签的纸张，一边找出模块与模块之间的关系。如果找到大概的关联，就用磁铁石固定在白板上，或者放置在白板纸上，以画线或框架的方式来建立连接，并在旁边标注产生关联的原因。

进行到这一阶段，关于企业文化的脉络逐渐清晰起来。"因为有A模块，所以导致了B事态的发生吗""因为发生了C事件，所以引发了D、E、F等事件吗？如果是这样，那么不先解决C问题，其他的问题就无法得到解决吧"等，像这样出现各种各样的联想，也就理解了公司发生的众多事情。

不论是将相似的内容凭直觉集合起来也好，在分组中给某一个模块添加标题也好，挖掘模块之间的关系也好，以上所有操作都是创造性工作。因此，构建一个能够让成员们发散思维、畅所欲言的环境至关重要。

正因为是创造性工作，分析结果也因参与工作的成员不同而存在差异。因为成员人数众多而分成几组来开展工作的情况也并不罕见。每个小组都有独特的整理方法。由此又出现了小组间的差异。很多时候通过在全公司共享这些差异，又会找到新的灵感。

上述针对优秀企业文化和不良企业文化的现状分析是思考机制、制度与措施的基础，也可以说是组织变革的起点。因此，我们需要保证现状分析的结果随时可见。我们可拍照保存或者用胶水或胶带将便笺固定在白板纸上供以后查阅，必要情况下可以马上打开。如果有项目专用的房间，可以将便笺随时贴在房间里。时常关注这些便笺就会从中找到新的关联，产生重新连接这些模块或者将它们进一步细分的想法。

持续关注现状分析的结果，思想上也会产生新的变化。这是因为对企业现状的认识以及问题处理方式处在不断发展中。不断拓展思考深度与广度，就会注意到最初没有察觉到的潜藏在深处的原因。

从心理层面深入思考为何采取这样的行动

用 KJ 法整理出优秀企业文化和不良企业文化，由全体参加者共同讨论，找出这些文化现象出现的原因及背景，并实现全员共享。可以说上述过程是就问题解决方案达成一致的过程。

在此列举以对"业务车辆的使用问题"的思考为背景的思考训练。

销售人员使用业务车辆的时候，会出现使用完毕的业务车辆未能停回规定的位置、车内没有进行清洁就回场停放等问题。试着就这些问题的原因和背景向参与者发问："你们认为这是为什么呢？"

问到业务车辆的使用规则的时候出现了以下几种意见：

- 原本就没有定规则。
- 虽然有规则，但规则本身存在问题。
- 定了规则，但没有传达给销售人员。

销售人员（业务车辆的使用者）对规则的理解存在偏差（规则传达不到位，责任可能在传达方，也可能在信息接收方）。

如果在销售部门，明知规则的存在却无法遵守，这种现象可能源于以下原因及背景：

- 个人道德观问题。
- 与业务车辆相关的操作上的问题（因停车场太狭窄难以驶入。清扫车内所使用的清洁布的预算没有通过等）。
- 销售人员时间上不充足。
- 销售人员对公司抱有潜在不满。

像这样对问题进行拓展延伸，深度挖掘并具体思考。思考原因和背景之际，尝试用各种方式进行替换表述也很重要。

我本人在发问的时候，也会选择让被提问者更好理解的提问方式。

"你认为不能做到的理由是什么？"

"不作为的理由是什么？"

"有没有想到的细节？"

"为什么会造成这样的结果？"

"你认为是什么导致了这样的结果？"

"阻碍是什么？"

我也会针对已经分组的模块之间的关系，提出发人深思的问题。

"这两个现象之间是因为这样的原因而相关联的吗？"

"这个现象出现之前有什么征兆吗？"

围绕以上问题，将相似且看起来有关联的内容放在一起讨论，不仅是对一个现象纵向深入挖掘，还要横向拓展这个现象会产生何种影响，一边思考一边讨论。很多情况下即便看似没有联系的事情，如果尝试用联系的视角来思考也会找出其中的联结。各种各样的事态也许是相互影响的，以此为前提展开讨论，人们就能从结构上认识到企业存在的问题，也会认识到必须从结构上实施变革。

做好以上准备工作之后，接下来将进入思考理想企业文化的阶段。

不拘泥于现状，想象理想企业文化

分析完现状之后就需要思考理想。这一阶段的关键在于不拘泥于现状，纯粹地思考理想企业文化。

通常在思考优化策略的时候，要进行现状分析，从现状分析的结果来决定要先从何处入手解决问题，这样的案例不胜枚举。但是这样一来，思维就被局限在现状范围内。在此要敢于忘掉现实，完全抛开之前进行的现状分析来思考。为了增强企业的核心竞争力，为了实现企业理念（社外规范与社内规范），要将"员工以何种心情来对待工作最为理想""采取何种行动最为理想"等问题用自己的语言列举出来。

史蒂芬·柯维[1]在其著作《高效能人士的7个习惯》中介绍了"所有的事物都可以被二次创造"这一原则。这一原则指的是，所有的事物首先要在头脑中进行创造，随后在实际生活中作为有形态的事物来进行二次创造。

---

[1] 史蒂芬·柯维（Stephen Richards Covey，1932—2012 年），是美国著名的管理学大师。他的代表作有《高效能人士的 7 个习惯》。——译者注

也就是说，脑力创造是首要创造，在头脑中想象并创造非常重要。物质创造是第二创造，是指详细设计为了将理想实物化应该做的事，并付诸行动的过程。

思考企业文化的时候，也要按照同样的顺序来进行。不拘泥于现实，纯粹地考虑理想。因为如果不能首先在脑海中描绘出理想蓝图，那么理想的企业及其文化都不可能实现。

思考理想情况时的要点，也希望大家结合第二章中"组织诊断7大视点"，并灵活运用我在"全面挖掘优秀企业文化和不良企业文化"这一项目中介绍的5种拓展思考的方法。

①根据日常业务拓展思维的方法。

按照不同的时间跨度（一天、一周、一个月、一个季度、一年……），想象实际工作中的部门或者个人采取何种行动会让你感到愉悦，就是想象企业应当追求的理想行为是什么样的。

②根据组织出现的实际问题拓展思维的方法。

人或者组织之间的关系怎样才是理想的呢？正式员工与兼职员工、科长与科员、科长与部长、部长与董事、科室与科室之间、部门与部门之间，以及公司与顾客的关系、与生意伙伴的关系，怎样才是理想的呢？通过思考让上述关系的理想状态丰满起来。

③根据企业理念的实现情况拓展思维的方法。

在实现企业理念（社内规范与社内规范）过程中，员工会抱有何种想法，采取何种行动。

④根据关于核心竞争力的行动来拓展思维的方法。

为了强化商业模式、打磨核心竞争力，什么样的行动是有利的？怎么做才能在竞争中获胜？

⑤根据全公司的规则来拓展思维的方法。

什么样的组织架构、制度及规则发挥作用，才能让全体员工保持充满干劲的工作状态？考核机制和薪酬的理想状态是什么？什么情况下大家才能接受并遵守人事、财务、公司的相关规则？

通过上述5种思维拓展方法，纯粹地描绘理想蓝图，思考向理想靠拢的途径。

实现理想的方法源于跳跃性思维

针对优秀企业文化和不良企业文化展开的现状分析以及对理想企业文化的考察工作准备就绪之后，终于到了思考实现理想的方法的这一阶段。为此，我们要明确划分优秀企业文化和不良企业文化，分别对二者进行思考。

纵观优秀企业文化和理想企业文化，思考如何向理想靠拢，这一过程的关键在于再现性。换言之，要分析好的现象出现的主要原因，思考怎样做才能提高其再现性，让好的现象反复多次出现。

同样，纵观不良企业文化和理想企业文化，思考如何向理想靠拢，这一过程的难度更高。要让目前为止进展不顺利的事情顺利进展并接近理想状态，我们必须彻底思考问题产生的原因、背景及主要因素，并在此基础上研究出解决问题的方案。要想出好点子，跳跃性思维必不可少。而创造性则是构成跳跃性思维的重要元素。

爱因斯坦曾说："罗列观察结果并不能创造出某个概念，

你需要超越逻辑的跳跃性思维。"也就是说,单是对事物观察的进一步深入无法催生作为解开命题前提的一般性理论。为了酝酿出好的构思,有必要将思考方式从理论性思考转变为创造性思考。我想这就是爱因斯坦想要表达的内容。

例如,为了改变不良企业文化,需要天马行空的高度理想的想法,并在脑海中尝试进行模拟,预想引入这些天马行空的想法之后会产生什么样的效果。下一次就尝试想象持续施行企业目前的常规措施会出现什么样的结果,以二者的区别为启发来思考最佳方案。此外,如果其他企业有类似的案例,尝试在头脑中模拟引入这些案例会产生什么样的效果。因为这一操作是在头脑中进行的,所以很难具体说明。但是我们要在发挥创造性的同时充分思考,探寻出最适合本公司的解决方案。

思考解决方案是针对事态的每个模块来进行的。例如,思考解决部门之间相互较量状态的问题,把所有模块串起来看,也许就能找到这些模块共通的解决方案。如此一来,用一个方法解决多个问题成为可能。不断重复这样的操作,决定应该优先导入的解决方案。如果模块之间存在因果关系,就要优先解决最根本的问题。因为只有解决了这个问题,才能解决与之相关联的其他问题。

为了让大家更清晰地理解目前为止的一系列流程，接下来我将用具体案例来做进一步说明。这个案例实际上就是我在迅销集团工作期间发掘的问题。为了解决这一问题，我运用了思考框架，发挥跳跃性思维，研究出了即将在第4章当中介绍的机制、制度与措施。希望读者基于这样的视角继续阅读。

FR 公司的组织变革也始于课题筛选

迅销集团的机制、制度与措施也是使用前面介绍的思考框架，遵循同样的过程制定出来的。

接下来不再使用迅销集团的真实名称，而是以"FR公司"代称，品牌名则以"UNQ"代称。这样做的用意在于：过分追求准确性势必需要传达包括前提、例外情况等在内的庞大信息量。与其这样，不如通过模式化的手段来使信息传达更加便捷，以便读者更好地理解机制、制度与措施的必要性及效果。

筛选出FR公司应当保留的优秀企业文化和应当改变的不良企业文化，并将它们分组。这些企业文化中有很多现实的部分，如"只做要求做的事""与上司沟通后，还是不能完全接受对方的想法""有不热爱本公司商品的员工"等。假设理想的企业文化是"实现企业理念""壮大制造零售业""成为强大的连锁品牌"等，要实现它们，需要发散思维并制定适当的机制、制度与措施。

为了便于读者理解，下面将利用思考框架发现的课题放入组织概念图中，介绍需要解决的问题（因涉及企业隐私，故在此将其简化，以模糊的方式呈现，望各位读者理解）。

这些图是双层构造，上面部分是企业总部的组织和正式员工，下面部分是准职员和兼职员工。因为FR公司在全国范围内拥有大量兼职员工，所以有必要从面向正式员工和面向兼职员工两个角度来思考企业的机制、制度与措施。

图3-1表示的是"针对现有问题应当首先解决的课题及其对策"。根据不同的职务和阶层，将员工模式化。整理出

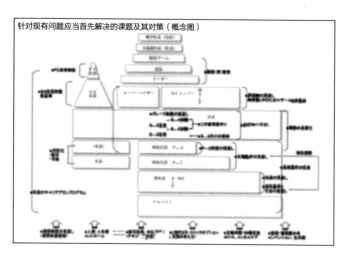

图3-1　针对现有问题应当首先解决的课题及其对策（概念图）

领导干部面临的课题，从员工晋升到经理层面临的课题，以及普通员工面临的课题分别是什么。

例如，当时迅速扩展的FR公司不得不将新门店和高难度的工作层层加码给优秀员工。因此，人事变动非常频繁，有员工因为不断地换部门而陷入疲态。这种情况下有必要重新考虑人事任命标准，图3-1展示了这个显在问题。

图3-2和图3-3展示了实现企业文化和形成组织风气过程中需要解决的课题。其中列举了以下课题：实施公司内共

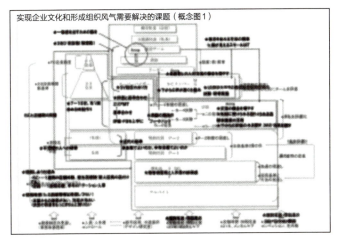

图3-2　实现企业文化和形成组织风气需要解决的课题（概念图1）

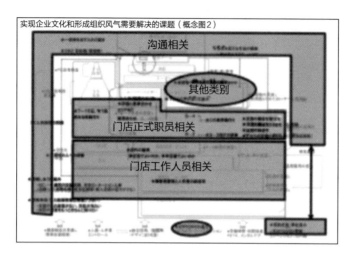

图3-3　实现企业文化和形成组织风气需要解决的课题（概念图2）

享评估标准的方案，以使部长、科长和主管层级都能自信地做决断；因为很多部门上下级之间的沟通并不顺畅，所以需要在全公司范围进行关于"360度评价"的培训。此外，FR公司还需要实施增加人才交流机会的政策，制定能让一线意见及时传达到上层的机制。这些课题不仅能消除员工的不满，也有助于FR公司的长远发展。

为了便于整理，我们使用KJ法将这些课题分为4类，分别是："沟通相关""门店正式职员相关""门店工作人员相关""其他类别"。

例如，"门店工作人员相关"类别中有如下课题：门店工作人员无法理解公司高层的想法。为了解决这个问题，公司将每月一次的晨会上高层的讲话和主要董事、部长们的讲话内容录下来让门店的所有人都能看到。仅凭这一点就增加了门店工作人员对高层想法的理解。不必过分纠结店长跟店员们传达思想的时候表达技巧的优劣，因为有录像作为补充。

最后，图3-4中列举了不适合归类到图3-1和图3-2中的课题，而这些课题很可能成为问题的核心。其中整理了数条不良企业文化，纵观这些条目，可以想象当时的企业风气。与此同时，将它们整理出来有助于明确企业需要改变之处。

在此我从列举出来的课题中挑选了一部分，括号内是我当时的感想。

- 只做要求的事。（这种纪律性从某方面来讲是优势，但希望员工能进一步发挥主体性。）

- 有人不爱本公司的产品。（这是大问题。无论如何我们需要向他人传达本公司产品的优势。）

- 除了讲求纪律性，也需要有幽默感的交流。（气氛沉闷，可以有稍微放松一点的场面。）

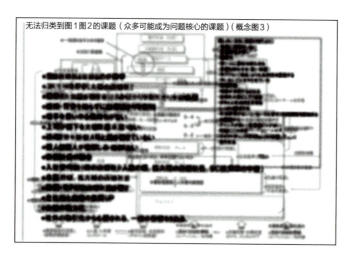

图3-4　无法归类到图1图2的课题
（众多可能成为问题核心的课题）（概念图3）

- 上司不重视下属。（这是一个现实问题。上司忙于完成自身任务，无暇兼顾下属的培养，因此下属沦为上司的工具。）

- 人和人之间不能相互理解。（每个人都很忙，没有时间耐心交流。虽然同属一个团队一起工作，但相互之间的关系却很淡薄。）

- 新老员工的融合。（因公司业务扩张，中途大量招聘新员工，由此导致了新老员工之间的隔阂，同时还有进入公司时期不同带来的距离感问题。公司规模尚小之际加入的员工、公司成长期加入的员工、公司急速扩张期加入的员工彼此之间有微妙的意识上的差异。）

- 提升整个公司的"生意人"气质。（"生意人"是员工需要具备的重要价值观。"生意人"包含了"自己想，自己做"在内的多层意思。所谓"生意人"气质，还包括不断重复PDCA循环。）

除了负面内容，我也列举了很多优秀企业文化。

- 不轻易妥协。

- 决策速度快。

- 做出的判断能够切入问题本质。

- 执行力。

- 让年轻人负责。

- 树立目标。

- 重视个人的主观能动性，而非岗位要求。

- 让员工做想做的事。

- 不论资排辈（不同辈分间也可以推心置腹地交流）。

- 机会多（有败者复活制度）。

- 现场主义。

- 重视店长。

- 有严肃责备文化。

- 以顾客为中心。

- 追求利益。

- 时常改进工作方法。

- 富于变化。

FR公司使用思考框架，明确企业课题，彻底思考并贯彻执行解决这些课题的机制、制度与措施。

优秀企业文化是企业的优势所在，企业应当采取措施将其保留下来。不良企业文化是让员工陷入疲态，打击员工积极性的主要原因。企业需要弄清不良文化出现的真正原因，在此基础上制定并实施面向理想企业文化的机制、制度与措施。这正是本书第4章所要介绍的内容。

如果能够理解从思考框架开始的一连串企业文化的变革，就能明白其中的深远意义了。希望这部分内容能对变革企业文化、制定以优秀企业为目标的机制、制度与措施有一定的参考价值。

第 **4** 章

优秀企业的机制、
制度与措施

———

案例学习"FR 公司
的组织变革"

本章将通过具体案例详细说明如何使用成为优秀企业的思考框架，并基于企业理念（外部规范与内部规范）、核心竞争力及机制、制度与措施实施组织变革。本章中以"FR公司"代称实际公司名称迅销集团，品牌名则以"UNQ"代称。

此处的FR公司在前言已有出现，该公司销售额从800亿日元猛增至4000亿日元并广为人知。这一时期的FR公司的组织变革可以成为广泛意义上很多企业的参考案例。并且本章所列举的机制、制度与措施并非FR公司独有，而是能运用到所有企业的事例，如贸易公司、制造厂商、信息技术企业等，同样都需构建符合企业理念与核心竞争力的机制、制度与措施。

企业变革必须彻底，否则无法改变。我希望读者能在明白此前提下进行阅读。单纯导入一两个机制、制度与措施于企业并无改观，更不会促其成长。希望读者在FR公司的案例中实际体会企业需变革到何种程度才能发生改变。同时，希望读者能理解机制、制度与措施以及组织发展的各种举措皆有意义。

企业内部要解决的课题堆积如山

■ 转变商业模式——向制造零售业转型

当时 FR 公司不仅销售自产商品，也销售从厂家及批发商处采购的商品。从业绩表现中感到危机后，在经营高层提议之下，FR 公司在报纸上刊登了这样的广告："说出 UNQ 的不好吧，百万日元等你拿。"

只要说出不好之处就可获百万日元的话，人人都会想要参与其中。这是深知顾客心声重要性的经营高层才能提出的措施。据知情者讲，当时 FR 公司收到了海量的客户反馈，公司全体领导不仅认真阅读了客户反馈还分类整理成了课题。

当时 FR 公司不同于今日以入驻商场或购物中心的门店为主，而是以郊外路边门店为主，门店建筑风格如同仓库，而门店自身也视作仓库，以不带储存商品的后院仓库为理念。当时 FR 公司重在提供低价商品，并未着力顾客服务，因此门店的店员配备较少。

例如，当顾客在试穿时，店员不会像商场或专柜销售那样在试衣间外等候，而是顾客有需求时才会去。而顾客的着眼点也主要在于购买低价产品，因此并未对服务方面抱有期待。

可能源于此因，比起顾客接待，广告收集来的"不好"更多的是商品方面的信息，比如抱怨"只洗了一次领子就变长了"。

FR公司的经营高层从这次广告效应中深深体会到光价格便宜是不行的，必须更注重商品品质。由此，FR公司开始了向制造零售业的转型，决定在门店中只售卖有FR公司商标的商品，所有商品的品质由FR公司全权掌控。这也成为改变零售业及服装业的巨大转折点。

这在当时意味着改变日本对服装的价值观。欧美国家的人们对古董或淘好物情有独钟，这无关价格，而是享受以自己的眼光挑选物品的过程，他们对服装也同样如此，享受自己挑选适合自己个性的服装并穿着得体。而在日本，"便宜没好货"的观念根深蒂固，人们对"贵即是好"深信不疑，不相信有价廉物美的商品。FR公司试图打破这一观念，决定对品质负起责任，改变迄今为止的商业模式，开始向制造零售业转型。

■ 向思考型组织转型

当时的FR公司是自上而下（上情下达）型的公司。如本书第1章所述，企业在某些阶段更适用自上而下，如企业正处于准确理解高层职责的发展阶段，那么从决策到实施的速度十分重要。这一阶段不为周遭声音所动，将高层指示快速且彻底落实尤为关键。

FR公司的经营高层曾外聘讲师进行员工培训，讲师向员工强调自我思考，经营者一听十分生气，于是立马解聘该讲师。

当时应该有很多人认为应感谢那名讲师的指导而不是以解聘待之。但当时FR公司所处的阶段并不适合自我思考。当经营高层清楚如何才能在竞争中获胜时，不花费大量时间讨论，立即全员执行经营高层的指示，这种方法方能取胜。换言之，自上而下的方法更适用。而当时的培训讲师并不理解这一点，只是按照一般情况进行培训。

这一时期的FR公司纪律性强，形成了坚决贯彻高层指示的企业文化，组织也在全力以赴完成合乎实际需求的高质量工作中成长壮大。

当时的FR公司营业额约为800亿日元，前两年的营业额分别是 600 亿日元、750 亿日元，业绩虽然逐年增长，但 1000 亿日元大关始终如一座大山挡在前方。

为了持续发展，FR 公司从组织战略层面确定了两个方向：

第一，向门店可自行思考的组织转变。自此企业进入新阶段，需要一线及时捕捉变化并及时反馈给经营层，即形成这样的组织机制：一线将信息有效向上传递，以便经营层做出适当决策，然后经营层又将决策信息，包括决策的背景及理由下达至一线，待一线清楚意图后再转为行动。最终，一线根据掌握的评估标准自行思考并进行一定程度的决策。该组织转变目标是将自上而下与自下而上相结合。

第二，要想向制造零售业转型，就必须改变企业风气、企业文化和工作方法等。为了向制造零售业转型，FR 公司需要能发挥全新商业模式优势的人事机制、制度与措施。第 1 章中讲述了企业理念、核心竞争力及机制、制度与措施必须三位一体（图 4-1），FR 公司正是要转变至此架构，为此要做的事和要解决的课题多如牛毛。

例如，员工对自产商品没有信心，连员工内心都觉得便宜无好货，这种观念也是需要彻底扭转的。另外还存在大多数员工不清楚自己今后职业发展而导致的无法制定未来职业规划的问题。

当时 FR 公司的门店运营以非正式员工（临时员工、兼职员工）为主，再配以店长及数名培养中的正式员工。门店也发生过经验丰富的兼职员工与年轻的店长之间的争执对立。

为解决包括上述问题在内的诸多问题，FR 公司采取了一系列措施，尤其在人事方面制定了各项机制、制度与措施。这些举措与需要解决的课题一一对应，而是在催生协同效应中推进课题解决方案，希望读者在了解这一点的基础上继续阅读。

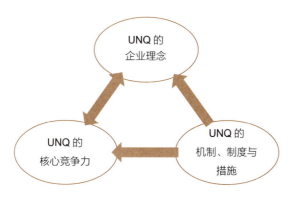

图4-1 UNQ 的三位一体模式

■ 有效运用店长会议实现信息共享

通常零售业或服务业的人才管理相较于人员聚集在一处办公的总公司或分公司存在难点，因为销售网络全国铺开，每名店长都得像守护城堡一样守护着每家门店，并且由于门店正式员工仅有 1 ~ 2 人，店长无法轻易离开门店。

经营层方面也存在痛点。当 FR 公司提出新的方针时，信息无法直接传达至店长。如果是面对面沟通，经营层通过对方表情即可判断其是否领会，可若人不在眼前，就难以捕捉到其反应，仅通过邮件文字或电话语音难以完全传递真情实感或细微语气差别。虽然现在具备召开网络视频会议的条件，但除非连信息入耳后流露的叹气声到细微表情变化都捕捉于心，否则难以准确把握听话人对背景或其中深意的理解程度。

身在组织，信息自然可口口相传，从部长向科长、成员层层传递。FR 公司一般由部长向区域经理、区域经理向管理 5 ~ 8 家门店的主管、主管向门店店长传递。在信息层层传递过程中，如果中间经营层的理解有误或者误读，原始信息就可能走样。

例如，某条信息是事务性的硬性内容，即使口口相传，内容走样的可能性也较低。但如果是有关想法或价值观的主观性内容，还是信息传达方与信息接收方面对面，边观察边沟通更能提高理解程度。

这样直接沟通的宝贵机会于FR公司就是"店长会议"。

店长会议一年召开2次，召集全国的店长、主管及总部全体员工参加2天1夜的集会。

店长会议还有另一层价值，通过集会将产生团体动力学（Group Dynamics）效应。根据库尔特·勒温[1]的团体动力学说，人在团体中其行动及思考等将受到团体影响，同时也将作用于团体。通过共享同一信息、共同交流，人们可达成共识，从而提高组织凝聚力。拥有同样的理念和理想，更能形成关系密切的团体。

若发起深度组织变革，需在凝聚力强的状态下打破组织壁垒，传达企业上下齐心行动的重要性以及今后将进行变革的信息，让全员深切体会到变革的必要性。

这并不是说任何行业、任何形态的企业都必须全员集中宣讲，只是对FR公司而言，将企业所要传达的内容渗透到

---

[1] 库尔特·勒温（Kurt Lewin，1890—1947年）：德国心理学家，拓扑心理学的创始人，心理学的哲学博士、教授。——译者注

全员并让其领会是至关重要的一环，因此 FR 公司最大限度地运用了可召集全员的店长会议机制。

话说回来，店长会议仅是推动变革的契机，之后需要各门店、各部门实施具体变革。而要实现变革，并非仅通过创造 1 次宣贯至全员的机会即可，而是要通过无数次店长会议、通过所有门店不遗余力地推动方能催生变化。而 FR 公司要实现从变化到变革的蜕变更是任重道远。

打破本部门主义壁垒，迈向全公司共享

■ 首先共享实情，恢复员工对公司产品的信心

当时很多FR公司员工对公司产品没有信心，自然这些员工对公司、职场、工作的满意度也不会高。员工被动销售，工作情绪消极，业绩自然增长乏力。对集产品策划到销售于一体的制造零售业来说，员工对产品没有信心是不容忽视的问题。若是对本公司产品缺乏自信，如何战胜竞争对手？此时的FR公司急需能够让员工对本公司产品产生信心的机制、制度与措施。

员工为何对所在公司产品没有信心呢？其原因在于，实际参与产品策划、制造的一方虽然深知公司产品是如何诞生的，但这其中的价值却未能完全传递到下游的终端门店。

为解决该问题，首先必须让全员熟知有关产品的真实情况。FR公司采取的首个措施是通过视频向员工分享信息。例如在产品策划过程中，策划负责人提出了怎样周密的计划？设计师、打版师为样板制作是如何反复试错和摸索的？

委托工厂、管理品质的制造负责人花费了怎样的心血才生产出产品？FR公司将有关产品的真实情况制作成视频并分享给全体员工，将此前不为所知的制造过程全部公开共享。

"匠人项目"就是实例之一。

日本纤维产业曾处于世界领先水平，但由于劳动力成本等问题生产转移至海外，该产业在日本国内逐渐衰退。虽然产业空洞化，但在日本，拥有产业世界领先的过硬技术的匠人大有人在。FR公司聘请已年逾花甲的匠人，并派遣他们前往中国的合作工厂进行技术指导。这就是"匠人项目"。

站在中国工厂的立场，他们可能会觉得是多此一举。但匠人们的技术着实打消了中国工厂方的疑虑。以一位染色匠人为例，他能够凭早晨起床脸部对湿度的感觉调节染色成分。染色是一门细致繁杂的技术。你是否注意到服饰店里同一颜色袜子的货架上每隔一定数量颜色有着细微的色差？这是因为染色师想要处理成同样的颜色但却处理不到位。染色是将布料放入染缸进行的，染缸不同则会出现细微色差，为避免此问题，染色匠人拥有凭早晨起床脸部的湿度感觉判断如何对其微调的能力。正是由于有这样的能工巧匠，才实现了革命性的摇粒绒51色计划。同样，缝制的匠人听到缝纫机的声音就可以判断哪个缝纫工的操作出现了失误。

这些能人巧匠凭借过硬本领解决中国工厂出现的问题，当地工厂开始接纳并感谢他们。而匠人们收获感谢，也重获了自我价值感。FR 公司员工也了解了匠人的存在，知道本公司制造的是其他公司无法模仿的产品，员工的态度也逐渐发生变化。

通过视频共享信息的机制、制度与措施众多，制造环节的"匠人项目"仅是其中一项。

产品策划是可左右企业命运的重要一环，负责产品策划的人并非以一时之意进行策划。为了产品策划，产品策划者需要了解世界行情并时常观察路人的穿着风尚。而世界各地举行的时装周更是不能落下，以便产品策划者预测今后流行色及设计。产品策划就是这样，搜集所能想到的所有信息。设计师和打版师收到策划人细致的策划方案后画设计图，完成连穿着舒适度都考虑在内的样板制作。面料采购者则要收集世界各地的面料信息，例如产自美国的被称为"比马棉❶"

---

❶ 比马棉，又叫皮马棉（Supima/Pima 棉），主要生长在美国、秘鲁；以色列和澳大利亚等其他地方也有少量生长，属于细绒纤维中的超长纤维棉。——译者注

的纤维长且柔软的超长棉等，同时要不断努力以低成本采购。其他完成产品的各环节相关人员的努力均拍摄在内，并且让全员观看，让员工切实体会到 FR 公司以那样优惠的价格能提供多么高质量的产品。

同时门店也在不断付诸努力，只为打造顾客想要进入的卖场，保持整洁、美观的卖场。为便于顾客购买，FR 公司时常整理产品，连产品介绍的展示方法等也都费尽心思。大多数顾客在陈列架上拿出产品后并不会原样放回，如此会给后来的顾客增添不便，因此店员要不断重复将散乱的产品整理再整齐地摆放于陈列架上。像这样只有在门店才会知道，充满临场感的事情也会通过公司精心设计的渠道让相关部门的同事看到。

FR 公司以此打破了部门壁垒，通过让全体员工共享各环节工作实情，员工们逐渐对所从事的工作及公司的产品产生了自豪感。

以上共享信息的活动不仅在正式员工中开展，也覆盖了兼职员工，让兼职员工在非工作时间能观看视频。FR 公司首先让正式员工产生自信，接着培养实际在门店一线负责门店运营及销售的员工的自信。如此一来，共享信息便得以贯彻落实。

可以想象若是公司规模扩大，UNQ 的产品被更多的消费者接受的情况下一旦受到抨击，那么没有自信的员工会头也不回地离开公司。但正因为员工们理解自我价值并且拥有自信，所以无论外界评价如何，员工们都能产生"一定要将产品价值传递出去"的强烈意愿。

■ 打破组织壁垒——强化商业模式措施

工作中如果能理解接力棒交到自己手里前各环节经过了多少努力，而自己交出接力棒后又将进行什么，将催生对其他部门的敬意，同时也将重新认识到自己所在部门的价值。

只有这样，员工会认识到自己是价值链（Value Chain，迈克尔·波特在《竞争优势》一书中使用的词汇，译作价值链。一件产品或商品交付到顾客手中涉及各种各样的业务活动，他主张着眼于业务流，分析哪部分具有优势，哪部分存在劣势，从而探寻事业战略成效及改善方向）中重要的一环。这既能让员工对公司产品产生自信，同时也能打破组织壁垒。

FR 公司要迈上制造零售业的轨道，全力打破组织壁垒与公司上下团结一致尤为重要，首先不可或缺的就是员工分享自己的价值与各自部门创造的价值。其次，由于制造零售业自担风险，因此需要建立可产出高价值产品的机制。公司策划产品并生产出来，如果不能全部售出则无法确保利润，为将风险降到最低，需要公司上下信息共享，团结一致，努力将产品售罄。

为避免缺货造成的销售损失，一线门店上报信息也十分重要，如追加生产所需的潜在需求预测信息、运用到次年产品开发中的客户反馈等，这些都必须实现全员共享。

为发挥制造零售业的竞争优势，全员要理解全公司信息共享的必要性，认可自身的角色价值，同时要达成共识，认识到形成有利于公司团结一致、持续创造价值的机制的重要性。

当然，仅通过视频不可能理解全貌，要实现制造零售业这一商业模式的成功，必须想方设法反复说明公司上下一致行动的必要性。FR公司从各个维度把与理念相关的或者门店降价等内容以易懂的方式不断说明。

以下讲几个实例吧。

要实现"持续以市场最优价提供任何时候、任何地方、任何人都能穿的具有时尚性的高品质休闲服装"这一使命，说到底是要建立让持续销售成为可能的机制，建成可自担风险提供物美价廉服装的制造零售业。

为固化该概念及价值观，FR公司确定了社内规范：自立、自律的个人在参与合作的同时创造高附加值，并凭此获得好待遇。企业支持努力成长的个人。协同合作是制造零售业取得成功所需的行动。

制造零售业并非自办工厂，而是采取委托生产的方式——自行决定生产什么、生产多少，而后向合作工厂下订单买断产品。这种模式存在产品无法售罄的风险，产品售罄时会获得高额利润，若是没有售完，企业则会蒙受巨大损失。正因如此，制造零售业的胜负关键在于能否团结一致。

一般公司内，产品策划团队与销售团队间多有嫌隙，"因为没有策划出好产品所以才卖不动""明明是好产品但营销能力差才卖不动"，如此相互指责。但制造零售业成功的关键在于如何生产畅销产品、如何正价售罄生产的产品。简言之，就是从头到尾不降价销售。最坏的情况是产品卖剩下而不得不废弃，若是如此，不如降价销售。问题是在哪个阶段降价多少？这是核心的定价技巧，对此做出决策也并非易事，要收集各个部门的信息在最适当的时机进行决策，为此，需要公司团结一致。

"公司团结一致"仅从字面上看似乎并不太难，但若所有部门的意志与行动不能联动则无法实现。策划产品的人、在工厂生产产品的人、运送产品的人、在门店摆放产品并销售的人、工厂收管物料的人、市场及广告宣传的人……所有人如果不能保持同步则无法顺利实现。例如，在电视广告、报纸整版广告、传单上都大肆宣传了吸引眼球的产品，但如果门店没有该产品，就成了"背叛"顾客。如果组织不能一致行动，类似的事情会反复上演。

根据产品刚上市以后销售额的增长情况来调整下一步行动，如果预测产品将更畅销，即使处于销售季，也必须立马采购原料及物料并纳入工厂生产计划。反之，如果预测销售不达预期，则要立即停止生产，切换成其他产品生产。为此，信息顺畅十分必要。

FR 公司像这样通过具体事例和具体消息而不仅仅是概念，在全公司范围内共享创建成功制造零售业的想法及行动。

制造零售业可能是员工鲜少能获得经营高层表扬的行业。营业额好是因为产品畅销，而产品供应跟不上时则会招致经营高层批评。相反，如果为避免产品供应出问题，出现产品生产过剩而销售不完的情况，同样会被经营高层批评。总之，产品卖得好与不好，经营高层都会批评。如此始终紧绷一根弦，持续思考如何才能实现利益最大化，这就是制造零售业。为此全公司必须时常组织联动推进，即建立公司上下一致行动的机制。

从组织间相互理解的角度，体验工作前后工序相关部门的工作是有很大价值的，但无法做到这一点时，通过深入理解其他部门的工作也可实现组织一体化，即所谓每位员工都逐渐具备公司全局观念。

这些措施，不管是人事部还是经营规划部牵头，都必须由具有问题意识并立志解决的人负责。在我看来人事部门是承担公司发展壮大职责的部门，所以我认为这是人事部的工作。

明确宣布"我们需要什么样的人"

为了推动成公司一致行动与一线自主思考，FR公司向员工传达了这样一个信息：公司对员工的思维方式及行动要求将有大变化。"要从此前采购—销售的形态转向制造零售业，对大家的能力要求将由此改变。"FR公司如此向员工宣布。

此处所说的能力要求是指行为特征。在此希望读者回忆起第2章人才的质与量部分中有关胜任力（Competency）的内容：胜任力是指影响工作的行为特征。行为特征则是思考和行动合为一体表现出来的特性。

接下来我将就FR公司此前及今后关于行为特征的具体要求进行说明。图4-2和图4-3即为详细示意图（预先说明一下，在向员工分享时并未使用胜任力一词，因为让员工理解自己应如何改变本身就十分重要）。

为便于读者理解希望改变的行为特征，本书将接近人才冰山模型下方部分，即近于人品性的部分称为态度（Stance），将接近冰山模型上方部分，即近于知识及技能的

洞察人心：
实现自我驱动的组织变革

部分称为技能（Skill）。希望读者在看图或阅读其后文字时预先了解图4-2和图4-3是关于胜任力的。

首先，关于态度，4个象限的纵轴是"自律指向"和"他律指向"，横轴是"革新指向"和"维持管理指向"，如图4-2所示。改变前较多的是左下象限发挥"规律性"和"稳定指向"的人。

这些人和自我思考相比，更习惯高度执行经营高层的指示。在门店，与其创新，不如发挥这些人所擅长的，即将当前措施原原本本推进下去。可以说这是根深蒂固的执行文化，毫无疑问这是FR公司的优势，原本该企业文化本身并非不好，所以改变能力要求并非否定规律性和稳定指向。

但仅凭这些素质无法成为更优秀的企业，无法创建成功的制造零售业。今后FR公司需要的是右上象限的自律指向与革新指向的元素，需要员工习惯新需求。具体说来就是主体性、灵活性、服务指向、变革指向，FR公司告诉员工今后要掌握这些能力。

其中最重要的是主体性，能否发挥主体性是工作关键。主体性即一线思维，也可表述为将自己脑海所思转化为行动。此外，员工能够将自己在一线门店所掌握的信息恰当向

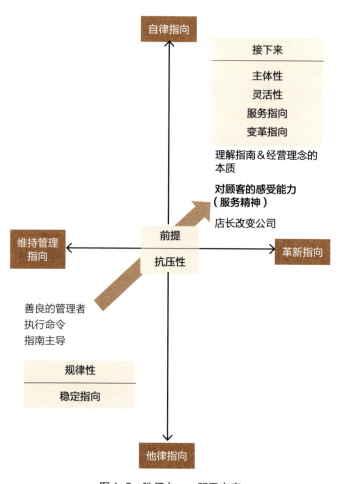

图4-2　胜任力——所需态度

上司报告，这也是具有主体性的行为。

灵活性也是重要素质，制造零售业要成功，有时需要企业根据情况变化改变决策，要灵活接受时刻变化的情势并采取新的行动。

以前FR公司主要靠少数人运转，并且服务内容也相对有限，但随着知名度提高，顾客的期待值也不断提升，因此FR公司不能再以此前模式运转。要成为主流，FR公司必须加倍让顾客满意，因此需要员工拥有让顾客满意之心的服务精神及行动。

FR公司希望员工体会到改变现状的乐趣与挑战无人之境的愉悦。这原本就是FR公司存在的意义：挺进在日本几乎没有的制造零售业。

而重视速度这一点依旧不变，员工面对的压力也不会改变，因此FR公司向员工表明希望他们今后继续保持抗压性。

图4-3是关于技能的，这是将纵轴"自律指向"和横轴"革新指向"的象限扩大后的效果。自律且发挥主体性是转变为新商业模式的要求。由于FR公司店长职位的人数较多，而且店长也是业务骨干，因此图4-3展示的是今后对店长的要求。

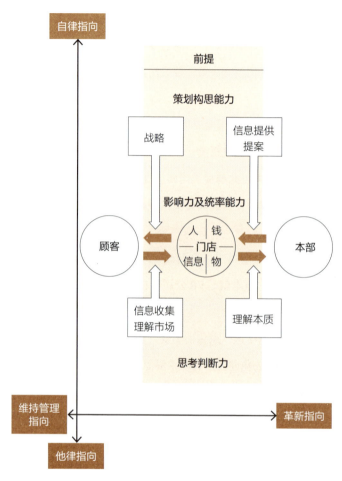

图4-3 胜任力——所需技能

在此之前，门店仅需听取总部指示应对顾客即可。但领导门店的店长应掌握的能力中包含策划构思能力，"如果开展这样的活动，产品将更加畅销""如果推出这样的产品将更受顾客欢迎，从而促进销量的增长"，店长需要具备构思类似这样的新企划并使之实现的能力。

其次，包含店长在内的正式员工需带领数十名临时员工、兼职员工工作，因此影响力及统率能力不可或缺。只有发挥影响力才能作为领导统率大家。

此外，门店每天都有各种问题发生，思考判断能力同样重要，它要求员工不能仅看表面，而且能够透过现象看到及判断问题的本质。

FR公司通过行为特征向员工传达了每个人都需要发自内心的改变的观念。事实是，并非公司向员工宣告后员工就能马上改变，但公司的明确宣告是变革的大前提，是意识改革的开端。

作为集策划构思能力、影响力及统率能力、思考判断能力于一身的店长，FR公司明确要求店长要成为对公司整体发挥影响的人。若人人都掌握思考新企划、创新活动、增加收益的能力，并且不局限于自己，而向全公司拓展，公司将发生巨大变化，成为更为优秀的公司。

　　自 FR 公司明确宣布上述内容后，就更改了应届生招聘及社会招聘的录用标准，制定了判断是否具备该行为特征的方法，录用合格的人员入职，入职的员工拥有多重能力同时具备共通且公司看重的行为特征，如此一来，企业文化也将发生改变。

权力下放的大前提——拥有相同的价值观与评估标准

■ 共享"企业重视的想法"与"为何要如此做"的理由及背景

共享不局限于企业内部发生的事情本身，而且需要企业全员认真共享其背景及理由。

"企业以什么为目标""采用何种商业模式""为此只求怎样的思想及行为"，将上述内容认真传达给员工十分重要，并且要持续传达。仅讲一两次并不能使其真正理解，所以需要反复持续传达，以便员工从心底真正理解并认可。认真理解了目标及其诞生的背景、理由，就等于拥有了共同价值观及评估标准的基础。

企业要成为员工自主行动的组织，权力下放非常重要，日本也曾经历过"授权热"的时期，然而绝大多数公司的尝试结果都不尽如人意。听起来或许可笑，但事实如此，实施了权力下放，却未能像预想的有效发挥作用。有些公司为了确认授权对象的决策是否正确，思来想去又新设了专门做这项工作的部门。这样做，别说权力下放了，反而形成了更为复杂却冗余的组织，而这些公司却未曾意识到这点。

共享价值观和评估标准之所以重要，是因为二者是授权得以良好运转的前提。当然我并非断言在没有共享价值观及评估标准的情况下授权就一定会失败。人与人之间很难在思想上达到完全同步，可是组织却有"这种情况下我们公司将如何前行"这样类似指南般的规定存在，共享这些便可以视作拥有共同价值观和评估标准。

在共享价值观和评估标准的情况下，当出现问题时，员工不用完全依赖高层的判断，可在自己的权限范围内自行决定。再者，正因为共享了价值观和评估标准，当出现不知如何判断为好的情况时，员工就会自行意识到应上报高层确定，而不是在不充分了解的情况下贸然做决断。

此外，根据已知判断无法得出答案时，就需要建立新的评估标准。由于外部环境的变化，一线出现新问题、新情况时立即向高层汇报，这就可能帮助公司层面的重新评估和制定标准。此时通过共享价值观及评估标准而实现的授予权限又起到了强化价值观和评估标准的作用。

■ 共享价值观和评估标准的培训

授权对中层管理者而言尤为重要。

FR公司在授权时尤其看重主管级以上的员工，主管的职责是管理大约7家门店，FR公司大约有500家门店，因此主管队伍大约有70人。主管之上有区域经理或部长，此外，总部科长级以上人员也是非常重要的中层管理者。这样算来，FR公司需要深入了解价值观和判断标准的人员规模约为100人。

FR公司也有很多社会招聘❶的员工，虽然在招聘环节说明了社外规范和社内规范，并且选择的是对此有共鸣的人才，但由于他们是新招员工，对与公司具体业务上的决策有关的价值观和判断标准理解并不透彻，因此为便于他们深入理解，FR公司每月都会开展培训。不过由于人数众多，FR公司采用的是分组开展的模式。

培训的目的是共享公司高层重视的价值观和判断标准。培训过程中，经营层人员5~7人为1组围坐思考公司过去已

---

❶ 日本企业的人才招聘与培养制度与国内不同，比较注重每年招聘大量的应届毕业生，尤其是传统企业的主要干部一般都出自其中。与之相对的，从社会上招聘有工作经验的人的方式被称为中途录用，即此处的社会招聘。——译者注

经发生的事情与现在正在发生的事情，思考如果按照FR公司的价值观和判断基准，这些事情应当如何考虑、如何判断、如何应对。

这种情况下每个人都会认真思考并参与讨论。不过各组得出的结论和做出的判断可能不同，这时公司高层也将加入讨论。如果是过去的事例，高层将说明当时是基于何种考虑而做出了怎样的判断；如果是当前的事例，高层则会说明以FR公司的特性将如何判断。培训对象听取高层发言，与自我的思考产生碰撞，有时甚至还要讨论，直到互相能够接受并理解。员工就是在这样的过程中掌握FR公司的价值观和评估标准。正因为每个人都带着主人翁意识认真思考，并将思考结果分享给参与讨论的全体成员，所以才能实现FR公司层面的价值观和评估标准的共享。

价值观及评估标准的共享是一件相当花费时间与精力的事情，并非开展一两次培训员工就能快速掌握，所以要不断变换主题，反复召开培训。

接下来介绍一个与评估标准有关的例子吧。

门店缺货对零售业来说可能是致命的失误，可以说基本上商品缺货必然会招致上级责骂。

"商品售罄，没有库存了。"（如果负责人在运营会议上如此汇报，经营者绝对会批评。）

"中国的工厂是否有货？为何不空运过来？"如果负责人回答："空运是通过飞机将货物运抵，因此费用相当高。"经营者肯定会说："投入成本也没关系，进货吧。"

如果知晓此事的员工，当某种商品即将缺货时就采用空运的方式进货，这时经营者又会批评："为什么要空运？你打算搞垮公司吗？"

前后两个例子的差别在哪里？到底该如何判断呢？以此为论点讨论后就可发现公司经营者背后的用意是这样的：通过传单或广告宣传，顾客会以广告商品为目标进店，不管是否处于促销期间，只要该商品没有库存，就等于欺骗了顾客。为避免这样的情况出现，就算是花费昂贵成本也要把商品备足，否则就等于不诚信。FR公司绝对不能做对顾客不诚信的行为，若了解这点，就会明白"为何不空运过来"这句话的真意。

另一方面，如果是以便宜为卖点的商品就另当别论了。这类商品缺货时，向顾客致以诚挚的歉意："不好意思，该商品目前缺货中。"同时如实向顾客告知必要信息即可，如预计何时到货、哪家门店可能能买到等。明明可以如此处理，却特意使用空运调货，因此才会被批评。

总之，关键是绝对不能做欺骗顾客的事，如果是上述第一种情况，哪怕是亏点钱也要遵守约定，但如果是第二种情况，通过合适流程采购货品，到货前请顾客耐心等待即可。如此便是在具体执行经营高层认为理所应当的"生意人"的铁律。

但刚进入 FR 公司的员工还未完全形成"生意人"思维，所以要通过类似的讨论，让其理解 FR 公司的评估标准并在日常行动中践行。

公司中有许多非肉眼可见却理所应当的基准，将它们表达出来并反复就此讨论，渐渐地就可形成共同的价值观及评估标准。相比讨论结果，更要紧的是通过这个过程理解其中真正的含义。

当然，价值观及评估标准没有绝对的优劣之分，只要符合企业自身实际情况即可。例如，以重视信条而闻名的某外资高档酒店，如果住宿的客人遗落了物品在酒店，而这名客人已到达机场没有时间回来取时，酒店哪怕是打出租也要在时间要求内将物品送至客人手中。这种情况下不必请示上级，员工可根据自己的判断采取行动。在这种情况下如此应对是该酒店员工共有的价值观，并且酒店为了应对此类例子甚至预先计划了可使用的预算。

但如果在价格相对便宜的商务酒店，同样的情况下员工如果也采用上述方法应对的话，肯定会被批评。在此并非指责商务酒店的服务差，只是因为商务酒店未设定如高档酒店那般高的住宿价格，也就难以留出一笔预算应对这类情况。就像商业模式无优劣之分一样，价值观及评估标准也是如此。因此，不讨论孰优孰劣，形成"如果是我们公司会如何应对"的共识，这一点十分重要。要成为优秀企业，应构建在充分考虑企业所在行业、业态、商业模式前提下，形成独有且适合本企业的价值观及评估标准，并且将此共享给全体员工。

■ 以社会招聘员工加速归零思维

社会招聘员工的价值绝不仅是确保该项工作有人可做。

通常社会招聘员工具有带来有别于此前的新视角与从专业角度提出意见等优势，此外他们还具有更高的价值，那就是质疑公司一直以来的常识及规则、框架，并研究其是否真的正确，避免陷入思维固化的陷阱，促进组织的归零思维能力。

FR公司有许多来自零售业及服装业的员工，但零售业出身的员工无法摆脱零售业思维，而服装业出身的员工又容易局限于服装业思维。当然这并非一定不好，但如果不从过去成功经验或既有思维中解放，就无法产生新的想法。

FR公司认为要彻底颠覆服装行业不能仅靠以前的零售业、服装业出身的人才，所以通过社会招聘录用了大量来自制造业及商社、信息技术行业等的跨行业人才。这些社会招聘员工并不了解FR公司的价值观及评估标准，不仅要学习公司的"专业术语"，还要掌握海量新知识。但当跨过这一历程后也就自然具备了归零思维。

新进员工在理解公司、工作内容、价值观及评估标准的过程中，相较于老员工会提出很多质朴的疑问。

"为何要这样做呢?"

"为何这样就不行?"

"我们要制造任何时候、任何地方、任何人都能穿的服装对吧? 那么服装生产不是越多越好吗?"

社会招聘人才会对有关公司的常识提出没有恶意的疑

问，以至于老员工也不得不回归原点思考。回归原点思考这一点很重要，它有助于实现创新。社会招聘人才并非仅仅用于弥补人手不足、充人数，若要改变公司甚至改变行业，来自其他行业的人才可能是创造新事物的引爆点。他们将催生出以归零思维重新思考那些一直以来大家认为行不通的事情或者认为白费力气的事情的公司氛围。FR公司通过人才多样化，逐渐形成了大家努力思考新点子的企业文化。

不过，仅靠外来人才改变公司难达目的，必须团结好对公司历程熟悉的老员工，在资深员工及通过社会招聘进入的新员工的共同推动才能产生好的结果。

共享价值观及评估标准的重要性不言而喻，但同时要对现有常识持有怀疑，以归零思维思考所有事物，这样企业才能进一步发展壮大。

提供给予机会的人事制度和职业规划

■ 人事制度中纳入价值观及评估标准

人如果不了解自己今后的职业规划，可能出现停滞不前的情况，从而感到闭塞。怎样才能晋升？如何才能获得高职位？如果员工没有明确的努力方向，努力的意愿也会随之降低。

因此，FR 公司基于职责等级制度的想法对人事制度进行了调整。职责等级制度的构想是根据各个岗位及工作内容所需要的职责大小设定等级，根据每位员工承担的职责所在等级来管理薪酬的制度。由于评定的对象是职责的完成情况，所以当员工被判定为能力不足时，公司完全可以下调其等级。可能有些公司实际不会下调等级，但与之前按照员工具备的能力评定等级不同，该制度通过考核员工履行的职责来评定等级，所以理论上是可以上下变动的。如果员工担任高难度、高期待的职位，即可获得与之相匹配的薪酬。这一机制有别于职能资格制度（根据业务完成能力评定等级，一

洞察人心：
实现自我驱动的组织变革

般情况下能力不会消失，因此很难出现下调的情况）。

当时的 FR 公司大胆变革人事制度，对职责等级制度进行了调整，让员工了解自己担任什么样的职责才能提升到什么样的等级。员工以此了解了店长所需的职责及相应的行动，了解了要成为更高一级的主管需履行什么职责，了解了区域经理及部长需要怎样的职责，而要达到这一级别又必须要做些什么等。

当然用文字描述期望职责或希望的行动多少有点抽象，但员工还是可以了解到自己要再晋升一级需要掌握什么及掌握到什么样的程度，也可以理解上级的责任与不易。这些员工通过理解，就能够思考自己的职业规划，而上司也更易于指导下属应该做什么。

FR 公司从各等级需多少 PDCA 循环的角度整理了期望职责。理由是很明显的，因为 PDCA 循环不仅需要贯彻执行，而且还要持续快速运转下去。制订计划（Plan），实际执行（Do），自我评价（Check），并将所做的改善（Action）与计划、行动结合起来。

对高绩效员工的奖励方式在第 2 章中略有介绍，一般来说有两种，即地位和金钱。

地位的变化包括员工职级的晋升、升级，也有给予科长或部长职位的升职。若考核评价低也可降职、降级。随着升降级或升降职，金钱（工资）也会相应增减。由于公司考核评价具有周期性，从考核到实际的升降级或升降职大多有3个月至1年的时间滞后，而工资是月度薪酬，所以难以出现剧烈变化。因此，金钱方面的变化存在迟效性，可以说是稳定的。

金钱方面有奖金或激励金（Incentive），在考核评价时间点发放或奖励时间点支付，金额变化较大，所以具有即效性，缺乏稳定性，可以说是暂时的。

将以上两种奖励方法完美组合使用非常有必要，即认真规划给哪类人升职，以及给哪类人加薪。

从升职来看，比如某些公司对单纯取得销售业绩的人立马就升级或升职，这样真的好吗？从结论上说，职责等级制度的各等级所要求的职责中，需要加入能理解公司价值观及评估标准，并能据此行动，同时能以此指导后辈或团队成员的内容。许多公司因为职责中没有这样的内容，所以企业文化会出现问题，甚至出现与公司价值观相背离或自成一派却做出成果的人将这种自作主张的文化传递给了后辈或团队成员的人。这些人或许可拿出短期成果，但长期来看无法帮助公司形成独特性及优势。

反之，如果员工真的努力并创造了优秀业绩，即使不升职，也应该大方给予其奖金或激励金。职级、职位保持不变，但不能吝啬金钱奖励。虽说大方奖励，但说到底是一时的，长期看并不会对劳动成本造成影响。

应该升职的是不仅能做出业绩，同时能践行企业重视的价值观及评估标准，并且能在遵照该价值观及评估标准的前提下就创造业绩的方法进行指导的人。以上讲述了人事制度，接下来将说明其意义。

■ "升降机会" 背后是能再挑战的企业氛围

这是日本企业中少有的案例，FR公司制定了容易出现降级的人事制度，降级变得不再罕见。这是因为公司降低了晋升难度，换言之，有机会就能晋升。有些公司之所以在提拔时会犹豫不决，是因为一旦晋升就不会再降下来。而FR公司提拔人才是在晋升和降级都有可能的前提下进行的。

有些公司如果员工不能完美完成其职级或职位要求的工作，就不能升级或升职，但如 "立场培育人才" 一说，有些员工一旦被给予机会提升职位，就会大有长进，即使晋升后工作痛苦，但因为理解必须具备怎样的能力，所以即使之后被降职、降级，不少人也能通过这次晋升发现自身问题。

其次，即使降级也有再挑战的机会。在大多数企业中，员工一旦职业生涯受挫则难以再有上升机会。但在 FR 公司，即使一次不成功，也不会给他的职业生涯造成永久影响。正因如此，员工不会过度不安，而是积极挑战。即使降级，如果能再度发起挑战仍然有再次晋升的机会。

实际上，从店长中提拔主管时，有个人意愿并获得上司举荐的人可以参加晋升考试，然后在面试环节考核其能否胜任主管职位。

那些不容许身居要职者出现任何判断失误的行业或职业不在我们讨论的范围内，但对于有容错机制的行业或企业，在其发展阶段，即使员工不具备成为上级所需的全部技能，也可以根据其潜能予以提拔，这一点也很重要。如果这个员工非常认可公司的价值观及评估标准，那么给予其机会反倒能促进其成长。

反之，员工进行了挑战但结果不好时必须果断对其降级，因为若未能充分发挥组织上的职责，将对企业产生实际损害。这种情况下，必须形成"降级—再晋升"的机制（此处的注意事项将在之后的"象征"相关内容中详细说明）。

■ 职业通道双轨化之"明星店长制"

当时FR公司引入了"明星店长制"，实现了职业通道的双轨化。

该制度下并非只有总部员工才能获得提升，它是充分给予所有门店的店长发挥空间，不断磨炼店长能力的机制。候选并被认定为"明星店长"（简称SS店长）的人不必再听命于主管，比起普通店长他们拥有更多的权限。

SS店长可以说是成为真正生意人的人选，他们要自我思考、自行判断、改进与思考新机制，并且承担将新机制在全公司推广的职责。

优秀企业需要多样化人才，没必要所有人都朝着成为总部员工努力。尤其零售业需要多样化人才，SS店长是迈向优秀零售业之路上的重要存在，若真正具有生意人气质的员工无法自由实现PDCA循环，企业则可能做出官僚且迂腐的决断。

企业为员工准备了各种职业发展通道，如门店的管理者、专业的管理者、总部的专家等。通过这些通道，员工可以思考自己的职业规划，主动思考自己必须具备什么素质，进而不断改变。

从个人与企业的价值交换角度来看，企业要考量员工拥有怎样的事业观以及想要怎么做，要找到实现企业与个人双赢的机制、制度与措施，这也是组织战略上重要的一环。

■ 转变契机——360 度评价的另外含义

当时 FR 公司成长快的员工大学毕业一两年就升任店长，他们中许多人苦恼于对由临时员工及兼职员工构成的非正式员工的管理。当时较偏远地区的普通门店由店长及成长中的几名正式员工管理着几十名非正式员工。店长不可能在所有领域都比非正式员工优秀，若是一线业务，可能有着多年一线经验的非正式员工效率更高。

当然，店长担负着许多身为店长才有的工作，如产品订单、库存调整、员工排班、区域及近邻关系建设等。然而一线非正式员工并不了解这些，因此对店长的抱怨逐渐积压。加上店长年轻，很多时候不够老练，导致非正式员工对店长的抱怨更难以消解，如此一来，店长和一线员工之间就产生了隔阂，造成门店运营不顺。

为打破现状，FR公司开展了关于360度评价的培训。培训中，上司及同事、下属将对每位员工逐项进行评价，得出评分，然后找出该分数与自我评分的差异。360度评价是让被评价者从这个结果中自行思考差异产生的原因，然后从他人的建议中学习如何改变行动及思维。

FR公司内包含临时员工、兼职员工等非正式员工在内的许多员工都希望营造更好的职场氛围，正因如此，公司对店长要求格外高，这也导致了许多店长测评结果分数很低。而店长们将逐项理解其分数的意义，逐一思考其他人如何看待店长的言行，存在哪些不足，以及应该如何改变。

这将成为店长们转变的巨大契机，而这也是开展360度评价培训的最大目的，可以说培训结果也实现了这一本来目的。

然而，360度评价的作用仅发挥至此是不够的。

许多店长经过深入思考，意识到了应当如何改变自己的言行，也决意改变。然而店长决定自我改变后，与非正式员工的关系能否马上得以改善？隔阂能否消除？答案是否定的。仅个人改变不会取得良效，公司需要提供一个帮助店长与非正式员工改善关系的契机。

　　FR公司将360度评价作为改善店长与员工关系的契机。具体说来就是各门店店长亲自向员工反馈培训心得，店长向员工表达协助测评的感谢，亲自传达自己意识到了什么，今后计划如何改变，以及希望员工今后如何协助支持等。这样做的结果是有员工体会到了测评包含的真正意义，也有的员工因店长意识到这些问题而感到喜悦，这无疑是催生双方关系改善的契机。

　　要创造改变人言行的契机很难，而要改变人与人之间关系更是需要配合。若非如此，仅一方改变，另一方不一定注意到，也不会奏效。店长公开表明要改变，就相当于向员工抛出了改善关系的橄榄枝。一旦理解了店长的想法，员工的态度就会逐渐转变，从原来冷眼旁观的游离状态主动向店长靠拢。总之，人与人之间的关系，若非双方协同改变是不会奏效的，为此需要创造合适的契机。

　　FR公司密切关注店长现场向非正式员工反馈的环节，其原因何在？因为如果反馈环节行差踏错就将前功尽弃，若形成"店长什么都不懂，这样不行"的局面，关系极可能崩坏。

　　因此，FR公司要求店长反馈时必须有主管级以上的人员同在。尤其是店长与非正式员工关系不好的门店或者测评结果比预想差得多的门店，还会要求区域经理参加。总之，FR公司努力营造员工易接受的场景及氛围。

这对主管或区域经理来说也是颇具难度的工作，但如果公司以这样的决心去推进，就能收获良效。当然，其结果是曾因陷入四面楚歌局面而痛苦、孤立无援的门店店长们终于可以松口气了。

虽然也有企业将360度评价用于实际人事评价，但我对此持谨慎态度，因为一旦用于人事评价，评价方就会各种揣测或者反生恶意，这样难免会带来偏见。所以，只有以纯粹为测评对象的成长助力的态度进行评价才能产生实际效果。

根据企业的具体情况，实施360度评价也可能让企业陷入危境。如果企业绝大多数员工工作意愿低、组织死气沉沉，那么充满干劲、积极进取型员工得到的评价会很差。因为积极进取的员工会招来麻烦，"明明只按吩咐做事就好了，却干啥都拼尽全力。如果你那么做，我们也必须那么做。"如果员工内心的声音如此，那这样的企业开展360度评价可能会导致充满干劲的员工辞职，因为他们会在这个过程中切实体会到无法跟那些人共事。

上述是常见的例子，那些要改变企业文化的企业尤其要注意，该制度有可能让那些支持企业变革的人辞职远去。如果不理解360度评价的本质，结果可能使其成为迎合低水平人的机制。

洞察人心：
实现自我驱动的组织变革

促进员工自主分享信息的
"流动型知识管理"

在 FR 公司的组织变革中，与制造零售业这一商业模式并重的另一重点就是连锁经营如何成功。

连锁经营是在零售业或外食业等服务业，由连锁总部主导，实施标准化的门店运营，其开店、产品计划、采购、宣传、招聘等大多由总部集中管理，进行高效的多门店经营的经营方式。消费者看到门店招牌，就相信能享受到值得期待的服务。

从结论上说，成功的关键在于能否形成将一家门店的成功经验快速扩展到所有门店的机制。一家门店销售额增长100万～200万日元，对全公司来说影响甚微，但若是500家门店都实现了该增长，公司的销售额就增长了5亿～10亿日元。能否实现成功经验快速在多店展开将带来完全不同的业绩。然而即便理解这点之于连锁经营的重要性，实际上能成功实施连锁经营的企业仍然是凤毛麟角。

接下来将解读 FR 公司为强化连锁经营而采用的机制，在此我将其命名为流动型知识管理。

首先，知识管理是将员工在业务工作中获得的知识（Knowledge）在全公司范围内共享并加以有效利用的一种经营手法。共享每位员工的工作诀窍及在工作中的错误和其结果并让全员对其加以注意或有效运用。从各自的经验或技术培养出感觉及智慧称为隐性知识，将隐性知识以文章或图解的形式制作成的易懂且可运用的有形之物称为显性知识。将隐性知识转化为显性知识的同时，也是公司将其作为组织财富加以运用的过程。

知识管理多被设定为储存型，简单说来就是将过去的成功案例、各时期的企划书、工作过程记录资料以及困难解决案例等保存至数据库，并附上搜索功能使其易于搜索，以便有需求时能快速找出作为参考。该模式大多是通过储存个人过去积累的知识这种手段构建起来的。

但受时尚流行、季节及气候影响，服装零售业产品及顾客需求会发生变化，以及一些企业会面临急剧变化的外部环境。对这部分企业而言，过去成功经验未必具有参考价值，今年的方法未必适用于明年。尤其是时常出现新课题的服装零售业，比起过去，如何解决当前难点的思路与及时共享好的经验反而更重要。因此，与储存型相反，服装零售业要采用流动型知识管理。

具体来说，FR公司建立了将店长、主管、区域经理、总部各部门科长以上的人员结成一个团体共享信息的机制。

如果店长有难点或者想解决的课题，通过该机制将它们传递出去，可能有很多门店也曾经或者正在面临类似的问题，在那些经历了类似情况的门店中，可能有已经解决了的门店，也有门店可能尚未解决但朝着问题解决的方向在反复摸索中。因此，一旦收到"求助"信号，那些已解决问题的店长或者反复摸索中的店长将毫无保留地分享信息，如此一来，其他求助的店长或拥有同样苦恼的店长也将纷纷尝试。

但有时会出现即便尝试了其他门店的建议，也无法收获良效的情况。这可能是由于地理位置或顾客层面等细微条件差异所导致的。这种情况下，店长再将真实情况传递出去，很快就会出现想出解决办法的人，许多门店会基于这些信息及结合门店实际情况而进行尝试。

FR公司让总部科长级以上人员参与其中是因为有很多事项需要从公司整体角度出发来实施，如果是公司结构问题，就需要总部立即采取措施。此外，如果是相比个别门店，总部统筹推进反而效率更高的事项，则总部相关部门将立即推进。因此，总部人员必须时常关注相关信息。

实际上，很多门店都会出现因停车场常常爆满而给周围造成困扰的情况或者产品迅速售罄而库存跟不上等问题，这时在该机制下，许多店长互相分享智慧，为全国门店提供问题解决的思路。像这样全公司解决问题，及时将成功案例推广到所有门店的机制是推动企业发展的加速剂。

上面这些说都是我在 FR 公司任职期间的知识管理，现在的 FR 公司又上了一个新的台阶——"立"起及时共享机制的前提下，"破"除连锁运营。也就是在实现全国标准化基础上，各区域门店培养出独特性，甚至尝试其他区域未曾做过的事情。在维持连锁效应的同时，主打地方特色，增加突出本地化价值的产品。相当于在企业提供的标准化操作平台上加入各自本地化的软件。

FR 公司为充分发挥"连锁运营"作用而采取的行动中，还有一个亮点，那就是将总部名称变更为"支持中心"。为方便读者理解，本书统一使用了"总部"一词，但准确说来是"支持中心"。如此命名是为明确总部承支持门店的职责，有意将组织位置下沉，门店出现问题后，支持中心的主要部门就立即支持，如果是人力的问题就由人事部门支持，配送问题则由物流部门支持。总之，各个部门迅速参与行动，思索解决方法。

　　要实现组织知识共享，储存型知识管理同样重要，这需要根据企业的商业模式和所面对的情况，思考应储存的信息和流动并及时共享的信息二者的价值及作用，构建合理的知识管理机制。储存型知识管理和流动型知识管理的占比也因行业及企业而异，企业需做出恰当判断。判断的要点在于：理解储存型知识管理和流动型知识管理各自的特征，并深入思考如何运用它们才能成功实现信息共享，使组织进一步发展壮大。

考核制度是来自经营的最强信号

■ 改变考核制度的关键词是"影响全公司"

考核制度是来自经营的最强信号。

无论是谁，收到好的考核反馈都会感到高兴。而要让个人视角转到组织视角，考核方式的影响就显得非常重要，这能对组织起到积极或消极的影响。

人如果受到好评就会判定企业对自己的评价是好的。假设有员工在思想和行为上与企业的期待有差距，但完成了不错的销售业绩，这种情况下如果仅以销售额为考核指标，弄得不好就等于企业认可不符合自身期待的思想及行为，这将不仅对被考核的员工本人，也将给企业带来消极影响。

所以，要明确传达给予好评的标准，即对怎样的行为和思想，以及由此创造了怎样的成果给予好评。此外，企业还要让员工清楚这样评价的原因何在。若非如此，员工不会遵从企业独有的价值观及评估标准，不会为创造理想成果而付出行动。制定和传达考核制度的人员都需要意识到这项工作的重要性。

尤其是要改变商业模式和企业文化时，必须通过新的考核指标明确传递出目标是什么，决心做什么以及今后重视什么。

FR公司为推动企业向制造零售业转型，也改变了考核指标。但此前的考核指标本身并无问题，采用的指标在重视销售成绩的企业是理所当然的。例如，店长以门店目标金额的达成率进行考核。如果下达销售额目标完成130%～150%，将获得很高的评价。这是非常重要的，但要创建新商业模式下的成功制造零售业，若还保持与此前相同的思维，企业可能会面临倒闭。

制造零售业必须售完自主策划、生产的产品，这就要求店长制订按产品细分的计划并下单，并且所有商品都要按订单数量售罄。在这种情况下，就算一家门店200%完成总销售额任务也未必达成了公司的要求。当然，比起目标达成率低的门店，达成率高的门店还是能获得认可。但考评的颗粒度从单店总体销售额变成了商品类别销售额，因此店长需要比以往更加细致地思考销售计划。

一般来说，产品是在销售季前制订计划并且下单，但各门店还需要根据销售初期动向判断是否追加生产并及时调整销售计划。在这个前提下，店长需要达成计划销售额，控制人工费在内的各种经费，最后确保利润目标。显而易见，这种考核制度下，"什么叫好的店长""好的店长的思维和行动方式"是完全不同的。店长要完成这个转变可谓挑战巨大。

上述考核指标的变更毫无疑问是强化与制造零售业这一商业模式相关的变更。

此外，与考核指标同等重要的是对全公司的影响力，它同样可强化制造零售业这一商业模式。

正如流动型知识管理的部分提到的，只要大家及时反馈信息，即使一家门店遇到问题，也能很快地从其他门店获得解决思路。只要有成功门店，通过信息共享，则更多的门店能收获同样的成果。正如这样，对全公司的影响力考核的是为全公司发展贡献了什么。

在讲考核指标时我谈到了以下信息：对全公司的影响力并非仅提出想法或分享案例即可，而是要考虑到能为门店、员工所用，做到能真正解决问题。如果实际有人有问题，请回答他们并给他们提出建议。如果他们希望去门店现场查看，那么请去现场解答。这才是真正意义上的对全公司的影响力。

影响力实际上是指向周围展示某种变化并让其认识并认可该结果，但这样做往往会陷入"我分享了"这样自我完成即结束的误区。真正的影响力的着眼点不是自己分享了多少，而是是否帮助对方实现了目标。

要满足该考核指标绝非易事，尤其是在门店散落各地的情况下更是难上加难，但只要做到了企业就能更加强大。因此，能共享信息的流动型知识管理机制才备受重视。

■ 为实现全公司最优采用决算奖金

前面提到过对受到好评的员工，即业绩突出者的奖励方式有升职、升级及金钱方面的奖励。接下来我想介绍关于金钱方面奖励方式的变更。

一般来讲，企业是运用目标管理制度（MBO：Management By Objectives），基于业绩考核结果决定奖励金额的（也有企业将MBO结果用于升降职或升降级）。FR公司也采用了这一制度。MBO是达成团队目标的重要考核方法。在认真贯彻该制度的企业，团队成员明确自我目标并与上司反复探讨，而上司把握公司的目标和本部门的目标二者之间的关系，将其分解至员工目标。各员工的目标达成事关各科室的目标达成，各科室的目标达成事关各部门的目标达成甚至全公司的目标达成。

由于自行确立目标而非强加，员工能充分发挥主动性，这就是MBO的特征。彼得·德鲁克❶提倡的MBO思想正是"Management By Objectives and Self Control"（目标管理及自我控制），也就是每位成员自行设定目标，通过目标管理自己的工作方法及进度，这其中包含了自我控制的重要性。遗憾的是日语中普遍将其译作"目标管理制度"，造成语义有所丢失，偏向管理既定目标的含义。通过目标管理培养员工这个视角不可或缺。为了让MBO真正融入公司管理，FR公司夏冬两季的奖金也都以MBO为基础计算。

此外，FR公司还大胆采用决算奖金制度。

决算奖金是年末基于当年业绩向员工发放的奖金。决算奖金加上夏季和冬季的季度奖金，FR公司一年发放奖金就有3次。

有些企业奖金是相对固定的，但FR公司把奖金定义为

---

❶ 彼得·德鲁克（1909—2005年）：美国企业管理学家、产业评论家。——译者注

洞察人心：
实现自我驱动的组织变革

符合员工业绩水平的奖励，并且向员工传达了这一宗旨。为此，FR公司无数次表达了以下内容："依靠奖金还贷的，建议将贷款额度设为奖金最低限度。如果可以的话最好不要依靠这种方式，尤其是决算奖金，因为业绩浮动很大所以请慎重。希望各位理解这一制度。"

当然，一般情况下，所有员工都能获得夏冬两季的奖金，但三项奖金中决算奖金占比很高，所以要向员工说明以决算奖金偿还大笔贷款是有风险的。决算奖金跟业绩挂钩，并不能保证会拿到（业绩突出就会有与之相适应的奖金）。

FR公司同时还传达了另外一点："为何采用决算奖金，并且所占比例高？因为我们的业务形式决定了各团队不结成一体一致行动就没有利润，所以公司上下越是团结协作业绩就越好，大家的决算奖金也将相应增长。让我们在努力达成个人MBO和半年业绩，获得季度奖的同时，大家齐心协力提高公司整体业绩，一起把决算奖金这块做大吧！"

公司团结一致向目标迈进，若达成目标则获得相应报酬，这是于全公司而言的最优举措。

决算奖金制度不仅在门店实施，也在支持中心（总部）采用。其结果是：各部门没有因部门或立场不一而产生摩擦，反而通过朝着共同目标迈进打破了组织壁垒。由此可见，决算奖金作为构建协同体制的措施之一发挥了应有作用。

再者，发放与实际业绩相匹配的决算奖金，公司上下协同合作，这种模式更能让员工切实感受到奖金计算的合理性。此前仅关心所在门店数据的店长也越来越关心公司整体数据，心系公司整体动向。

总之，有效共享"要考核什么"以及"如何反映考核结果"的思想及其背景、理由才是该机制的关键。

■ 掌握细节才敢参加的考核会议

在人事考核流程中占比较大的就是部长会议上的成员考核讨论。

制造零售业需要企业全员一体同心才能创造价值。部门之间需要打好配合战，上个部门传递的接力棒，下一部门要接好。不局限于信息共享，其他的实际业务也需要各部门协同配合。因此，对于相关部门员工的工作情况，其他部门的部长有时与该部门直属上司同样了解，甚至可能更了解。

考核会议召集部长级人员陈述对下属的评价，在该会议上部长难以给出偏袒评价，因为相关部门的部长了解情况，所以很快能提出质疑。参加考核会议的部长们之间经常出现以下对话，足见其认真的态度。

"虽然你给 × × 的评价不高，但是对我们来说他是非常能干的人，所以评价高一点也不奇怪？"

"那个人的评价为何这么高？你知道他给我们带来了多少麻烦吗？你是在知道的情况下还给出的高评价吗？"

该机制还有另一重要功效，即部长亲自了解考核对象的言行及业绩。通常部长会单独对下属进行考核，这时他们只是凭借印象，很少会回到具体工作层面确认。但在考核会议的机制下，会议上部长们互相提问，如果不了解员工工作内容，就等于未尽职履责，会当场出丑，所以部长们都会向科长认真了解本团队员工的工作情况。必要时还直接询问员工，在认真了解的基础上去参加会议。这样的机制实际上对于管理也会产生正向作用。

被考核对象知道该机制的存在以后，也会在考虑完成直属上级要求的同时，为满足相关部门和全公司的要求而努力。直属上级以及其他部长一起参加评价会议，这样"对表"的动作意义重大。可以说，考核会议机制是基于对考核流程本身的充分考虑而建立起来的。

不过有一点需注意，此处介绍的方法并非绝对和唯一的最佳方案，该考核机制存在的前提是公司形成上下一体、一致行动的商业模式。

每家企业都有自身适用的考核方法，如果要说关于考核的绝对正确答案，那就是要在思考"为实现企业理念（社外规范与社内规范）及强化核心竞争力，采用哪种考核方式或流程更有效"这一问题的同时，在实践中不断摸索，构建最适合本公司的考核机制。

■ 考核制度中易忽视的可视化机制

考核制度需要实现可视化。制定考核机制时，很多公司都会认真讨论应考核什么，然后将其纳入考核机制。但与此同等重要的是可视化。

考核指标是可衡量的，换言之，即使工作的时候并没有特别留意这件事能否量化，但事后通常也能拿出数据结果，如销售目标达成率或人工费占比等。新销售人员就以访问量作为考核指标，商品策划就以提案量作为考核指标，考核大多如此操作，因为用数字比较好把握。然而，某些情况下并不能简单地确定要考核什么数据，这个时候可视化就容易沦为空谈。

即使经过深思熟虑确定了考核指标，如果不展示出指标要求的事项具体实施与否，那么没有人会认真推进工作。员工知道即便自己认真工作，结果也不会被其他人注意到，更不会被纳入考核，这样一来，员工也就渐渐失去了工作的动力。因此需要可视化的考核机制来为员工做出准确合理的评价。在设计考核制度时，必须考虑到可视化，这是制定人事制度的一大关键点。

那么，针对前述的"对公司的影响力"，又如何考核呢？流动型知识管理机制将其变为了可能。

遇到问题的人提出问题，然后收到他人的建议，提问的人可以根据建议或者其他门店的成功案例找到解决方案，如果顺利的话很快就会发出"谢谢，问题顺利解决了"的反馈。

假定出现按建议进行了尝试，但由于门店位置、顾客群等各种条件差异而未能获得良效的情况，这时接受结果并反馈进展不理想，于是又能收到来自其他门店"我是用这样的方式解决的，你觉得如何"的新建议，像这样门店间互相传授工作方法和技巧，使得知识不断扩展，形成正向循环。

让提出问题—接受建议—结果反馈的整个过程在全公司范围内共享，这种形式下大家自然可以看到那些对公司整体产生影响的人。毫无疑问，这也是可视化的体现。

■ 持续催生良好结果的考核指标的重要性

与可视化相同，制定考核指标时的另一关键点就是不仅纳入考核指标本身，还要纳入"让成果持续出现"的考核指标。

展现业绩的考核指标是门店的销售额及达成率、人工费及人工费占比等。当然这也是努力的成果，值得肯定，但不能仅此而已，还必须要将能够持续催生良好结果的行为纳入考核并给予好评。

例如，要完成门店业绩，和临时员工、兼职员工之间的顺畅沟通不可或缺。为此进行的门店员工会议的质量、员工满意度等都需纳入考核指标。

此外，如果以"组织结成一体一致行动"为目标，则需思考要采取怎样的行动才能加速实现这一目标，将这样的行为纳入考核指标。

门店向产品策划部门传达顾客心声或竞争对手信息，产品策划部门向门店店长传达产品策划意图及目标……类似这样的行为都能够加速组织一体化进程。换言之，如果能鼓励这样的行为，就能不断接近目标。

实际上，为了积极促进上述行为的产生，**FR 公司**最初强制要求召开店长、主管与产品策划部门的例会，然后考核其例会言行。

渐渐地，店长与主管间开始了自然与自发的沟通，即便不强制开会也会互通信息并自发采取行动。在可视化机制下，公司能够发现各项行为与公司需求一致的员工并予以肯定。这就是采用实现"公司理想的强大组织"的考核制度的效果。

思考如何让表彰效果最大化

■ 表彰制度的目的是什么

很多公司都会实施表彰制度，销售部门更是如此。但思考如何让表彰效果最大化的公司却意外地少，实际上越是那些业绩长期向好、保持良好发展态势的公司越会时常思考这一点。

几乎每家公司表彰时都特意采用上台表彰的形式，因为这其中蕴含相当重要的含义：增强本人动力、团队动力，让其产生更加努力的想法，而且让观看表彰的人获得鼓舞，内心产生下次我定要站上舞台的决心。但表彰制度背后潜藏着更重要的目的，即树立典范，希望其他人能够在行为上向受表彰者看齐，和他们采取一样的行动。

然而在很多公司的表彰活动中，公司都要求站上舞台的业绩优秀者发言，而这些发言内容多成为定式。

"托大家的福我才能获奖，为此我感到非常开心。"

"多亏×××对我的指导，非常感谢！"

当然，我完全没有否定这些表达感谢的发言之意，只是更加希望受表彰者讲述取得这样的成绩采取了怎样的行动。共享经验才是表彰的目的，然而却少有这样的发言。

当时FR公司的表彰也如此，发言几乎清一色是"感谢给予我指导的上司和门店一起工作的同事，多亏他们我才能获奖"这种模式。为打破尽是表达感谢的发言，FR公司采取了事前去表彰对象的门店拍摄短片的措施。负责拍摄的工作人员，尤其是短片导演就需要深入理解拍摄对象的过人之处，否则无法在短片中加以呈现。

例如，有的门店的临时员工之间团结协作特别出彩，那么这样的门店怎么开早会，店长怎样向临时员工分派工作，如果将这些场景拍摄下来剪辑成短片，并在表彰活动上播放，能够让人理解自己与该门店的差距。

短片播放后会请获奖者发言，受到气氛感染的获奖者可能会分享更多细节。对全体员工而言，短片和获奖者发言都具有参考性。通过这样的形式，表彰的价值将变得完全不同。

但要想实现表彰效果最大化，仅仅这样还是不够的。当时FR公司门店一线员工的自主思考能力还有待提高，因此仅靠观看表彰短片和听取获奖者发言，其结果很可能只停留在听到了不错的案例这一层面。因此，为了让他们思考应从短片及获奖者发言中学习的内容以及如何引入所在门店并灵活运用，FR公司设置了7人1组共同分享所思所感的环节。在这个环节中，大家被邀请将自家门店的情况代入短片中的场景来观看，甚至还会带着这样的当事人意识进一步提出问题：

"表彰短片中没有展示，但如果出现××的情况该如何处理呢？"

"我很理解为何那样做，但不会出现××问题吗？"

有很多问题出现，有对出现问题的答复，然后再出现更尖锐的问题。这一过程即为推进知识共享的过程。表彰只有做到这种程度才有意义。

7人1组共同分享所思所感，这一环节在实施之初效果很差，因为听取指示、贯彻落实的习惯根深蒂固，而自主思考、自我表达的习惯尚未形成。

第5章将就此详细阐述。在共享信息分享方式、信息传达方式、会议召开方式等的基础上，还需要鼓励员工自主思考、公开表达自己的意见。在这一过程中，思考被表彰者的各项行为中自己可借鉴的部分，并与伙伴共享，习惯性地深入挖掘"为何他们的门店可以这样做"和"与自己的门店有何不同",完成上述步骤后,将被表彰者的有效举措引进自家门店就得以顺利实现。如果不做到这个份上,企业是不会改变的。

希望这部分内容能帮助读者思考企业内部表彰制度的完善,思考"为什么要做""让效果最大化我们还需要做什么"。这样真正能够帮助企业成长的机制、制度与措施越来越清晰,企业才会进而逐渐转变为自主行动的组织。

要固化机制、制度与措施就要树立典型

■ 看到典型才会相信机制、制度与措施的成果

成为优秀企业不在一朝一夕，即便引进各种机制、制度与措施，改变也并不能一蹴而就。要让大家认识到机制、制度与措施是可改变整个企业的，树立典型很有必要。换言之，如果有易懂的案例作为典型，将加速变革。

举一个简单的例子，说到高度评价给公司带来影响的人，仅凭字面意思大家难以立即领会。就算说给为公司业绩做出贡献的人发放决算奖金，员工也可能会对其可信度打个问号。可是如果有作为典型的案例，员工又会如何想呢？

门店停车场常常爆满，商品售卖得飞快，门店商品很快就见底，就算从后方仓库补货，补货速度也跟不上门店的销售速度。

FR公司的郊外型门店本身就基于服装仓库的理念打造，后方存放商品的空间有限。所以门店里的陈列架几乎高至天花板，并且满满当当陈列着商品。由于商品卖得飞快，所以

理应摆放足够库存的货架很快空空如也。这本是令人欣喜的事，但如果这样的状态长久持续，那么对零售业绝不是什么好事。

一位店长采取了行动。幸运的是，郊外型门店停车场较大，他利用这一点，想到了将用于铁路运输或货车运输的集装箱放置在停车场，这样一来可用于准备次日要售卖的商品，如果门店售罄，便可以从这里快速补货。

停车场足够宽敞的门店都可以这样做。这一方法迅速推广至其他门店，各地门店都产生了集装箱需求。如果各门店分头租借可能既花时间也花成本，所以最好由支持中心（总部）统筹。如此一来，个人的提案就影响到了全公司。

该店长还针对员工管理问题和门店实际面临的各种问题提出了自己的想法，并通过实践解决了这些问题。他的问题解决方案也得以推广到全公司。如果因为这名店长为公司业绩做出贡献而奖励他1000万日元，这将给其他员工留下怎样的印象呢？

如果知道了这一案例，可能员工都会相信"公司会高度评价对公司整体产生影响的人""给为公司业绩做出贡献的人发放决算奖金"这样的话了。

员工时刻揣摩着经营层的真意。如果要开始做某事，经营层必须展现出将其贯彻到底的决心。例如，要改变一贯的考核指标，确定新的考核指标，如果奖励金额仅为1万日元，可能谁都不为所动。所以，措施推广方一定要展现出名副其实的决心。方法有很多，但无论是金钱还是地位，"奖励"必须要大胆。

按一般的制度设计，如果总额限定在1000万日元，很容易设定成一等奖500万日元，二等奖200万日元，三等奖100万日元。这样二等奖和三等奖的获得者也能获得较高报酬。总额有限的情况下，也可以设计成一等奖1000万日元，二等奖及以下仅象征性金额的制度。从冲击力上来说，最高金额才是重点。总额1000万日元，如果是10人均分，还不如奖励给真正想奖励的人1000万日元更有效果。

这样设计的原因在于驱动组织变革最重要的一点是树立典型。换言之，树立典型案例比什么都重要。获得具有冲击力金额的决算奖金的人成为典型后，员工就知道这一切真的可能发生，然后以典型为目标付诸努力。如果后者再获得肯定，那么践行的员工不断增加，到了一定程度相应的机制、制度与措施就得以在全公司固化下来。像这样通过典型案例，员工可以感受到经营层的认真度。正因为经营层将这种"来真的"的态度好好传达给了员工，所以每位员工也都认真尝试改变。

希望大家牢记，在推广某项举措时，树立典型将很好地发挥作用。

■ 暗中支持树立典型

以上介绍了推广并固化某举措时需树立典型，接下来，想分享关于树立典型的其他案例。

FR公司采用提拔年轻人并充分给予其机会挑战高难度职位，这一点在"升降机会"部分已有讲述，接下来将介绍固化该机制的方法。

为了让员工挑战高一级的职级或职位而予以某人升职，但如果未完成职责要求则会降职、降级，不过还是会给予其再挑战的机会。但降职、降级的人是否真的会被给予再挑战的机会，是否真的能东山再起，直到出现真实案例之前都不可信。证明这一点也需要树立典型。

当时FR公司树立的另一个典型是再次晋升。那时除了本人的努力，人事部门及其上司都密切关注并在暗中提供支持。

这并非通俗意义上所谓"掺杂水分"的不正当行为，而是为了确保被降职、降级的员工不丧失工作动力。此外，为了能让其再度晋升，上司会在日常业务中对员工加以指导和培养。为了使之完成业绩，有时人事或上司会给予间接提示，有时则会直接指导，以此促进员工成长进步。

但这些暗中给予员工支持的情况并不会公开，因为一旦有意支持的事为人所知，就将削弱典型的存在意义。当然，员工本人因为要向更高难度的工作发起挑战，所以会拼命努力改进自身问题。而且由于员工原本就是因为能力强而被提拔，所以即便是"关于那件事，跟九州×××店的店长谈一下如何"这样点到为止的提示，也能被他们充分运用。

再度晋升后，公司会请该员工讲述提拔、降级、再晋升这一历程。

"成为主管后我才知道自己认为理所当然能做到的事情，对有些店长而言却是无法立即做到的。这时单靠下达指示他们不会立刻动起来。此外我也明白了清楚告知他人做一件事的理由并非易事。虽然因为辜负了期待而被降级，但我通过重重努力终于再度获得晋升。"

树立这样的典型并在全公司共享。能成为典型的实际案例才是撬动人心的重点。

"FR 公司是给人机会的公司。"

"这里值得挑战，就算失败降级也不丢脸，还有上升机会。"

只要形成这些成为理所当然的企业文化，那么给予机会的晋升与降级就都容易推动，因为在员工中间已经形成了降级并不可耻的认知。如果企业不创造这样的环境，而是形成不挑战也不降级的风气，企业将停滞不前。

这里并不是说所有企业都应该有降级制度，这一点因行业和企业文化而异。在某些企业，如果有降级的风险，员工可能会因为害怕犯错而不去挑战。如果是这样，那企业大可反其道而行之，以"我们公司从来不对员工降级处理"为卖点做宣传。

在追求多样性且剧烈变化的当今时代，机会之门是敞开的，它不分年龄、性别、国籍。因此更需要企业以归零思维用心钻研怎样的企业文化真正于本公司有益。

在此希望读者记住两点，一是通过树立典型，改革成效将以典范的形式流传开来。二是"有意树立典型"这一信息不可被公开。

■ 敢于树立异类典型

树立典型时还有一大重点。

业绩好的人每年都能拿出好成绩。如此一来，受表彰的人很容易形成固定阵容。如果每年都表彰同样的人，其他员工会怎么想呢？尤其与受表彰的人类型不同的员工又会怎么想呢？

可能有很多人会这样想："我这种类型的人在这家公司是无法得到肯定的，可能我不适合这家公司。"

当然，如果某人以明显优势领先他人时，应该予以表彰，若其中掺入任意性则无法确保公平。但如果业绩基本相同，就应敢于肯定不同类型的人。成为"典型"的人类型多样反而更能增强一线的动力。

"我们公司推崇领导力强的类型，只有擅长发号施令的人才能成为主角。"与其固化这样的形象，不如表彰不同类型的人。例如，虽然嘴笨且怯于站在人前，但却能与员工建立深厚信赖关系并完成好业绩，同样给予这样的人表彰。如此一来，公司就能成为让更多人拥有梦想的存在。

正因如此，各种类型的人都能发挥自身优势积极工作。向员工展现不同类型的员工成为主角的实例更能增强员工

洞察人心：
实现自我驱动的组织变革

动力。

但如果在金钱方面过多掺入任意性，该机制就可能遭到破坏。因此，公司必须充分斟酌风险，多方考虑后慎重选择作为典型进行特写的对象。

树立典型时要以公司有各种类型的员工为前提，并且要注意将聚光灯打到不同类型的员工身上，还不可被员工察觉。因为一旦被察觉，树立典型的价值就被破坏了。

机制失效时找到行不通的真正原因

■ 成为手册完善者——机制、制度与措施失效案例 1

很多时候看起来好的机制、制度与措施，实施起来却行不通。有时也会出现"明明可以产生显著效果，为什么不实施"的情况，这种时候必须找到其中缘由并解决问题。

尤其是与人事相关的举措，因为会受到人的情绪左右，所以难以按计划推进。有时以为按计划推进了，然而实施后又会浮现出新问题。在持续不断改善的过程中，以为还停留原地，反应过来时发现不知不觉已登上高处，这样的感觉可能是实践机制、制度与措施过程中的真实体会。

FR公司有这样的案例：为了能将好的举措推广到所有门店，公司委托取得高业绩的店长分享工作方法和工作技巧，这位店长也答应了，然而却迟迟不分享。

公司对这位店长为何不分享无法理解，于是请门店出身且对门店运营熟悉的人事部门员工前往门店了解情况，然后发现了确实难以分享的理由。

既然是连锁商店，那么所有门店都必须维持一定的服务内容和服务水准，为此，一定存在所有门店通用的手册。但那位店长的门店运营方式有些许偏离手册。这并非不正当，而是为了创造业绩花费心思而不照搬手册，反而随机应变、灵活应对面临的具体情况。然而如此一来，门店虽然创造了业绩却成了不按照手册运营的门店，因此难以堂堂正正分享。可能店长也抱有高层知晓后会震怒的惧怕心理，所以自然不能分享出来。

了解情况后，FR公司在所有门店店长参加的店长会议上做了如下发言："我们是连锁商店，顾客认为不管去哪里的UNQ门店都有期待的商品，都能享受期待的服务，所以我们不允许任意妄为。但也请大家想一想，针对现有的手册，不仅要坚守也要让其不断发展，这样才能使其发挥最大价值，不是吗？"

手册是可以改变的。如果是往好的方向改变，那么做出改变的人是值得鼓励的。FR公司试图改变店长们的认知，因而进一步提出：当大家想做与手册不同的事情时，请跟主管商量。想法得到认可后务必大胆尝试，如果效果好请与大家共享。

FR公司不允许店长的独断行为，因为店长中既有经验丰富的资深员工，也有大学毕业不久就升任店长的年轻人，如果允许年轻店长任意行动，有时会导致严重错误。所以要求他们一定要与主管商量。

坚守手册固然重要，但同时FR公司也传达了让手册向着更好方向发展的价值，如果认为是好的方法，就鼓励员工尝试。如果尝试之后取得了良好效果，则会将其推广到全公司。于是，摘掉一个"脚镣"，信息也就开始流通起来了。

当某项尝试进展不畅时，经营层，尤其是人事部门的人很容易气愤："为什么？肯定是我们的员工觉悟不足、没有干劲。"这样想并不妥当，此时首先应该停下来想一想可能存在某种原因才导致员工如此的。

探求并弄清行不通的原因及深藏其后的真正缘由至关重要。弄清病因才能对症下药，在员工行动之前，要彻底探究其心理阻碍究竟是什么。

■ 交通费和住宿费由人事负担——机制、制度与措施失效案例 2

如果某家门店对全公司具有影响力，那么其他门店店长肯定想去一探究竟，因为相比听讲解，实地参观学习效果更好。实际上，FR公司在店长会议上做了"你想去受表彰的门店考察吗"的调查，结果是几乎全员都表示想去。

于是，FR公司便与受表彰的店长确认，得到了如下答复："集中来有点困难，但如果可协调分批来就没问题，可以接待。"

然而当公司官方统一去门店学习，并且模范门店也做好接待准备时，关键的考察者却不现身。明明表现出迫切想去考察学习的样子，可实际上谁都不去。于是，公司便去向原来说想去考察的店长了解情况，听取真实声音。

"明明说了非常想去考察实际运营场景，为何不去呢?"

了解之后发现问题在于参观门店相关的交通费和住宿费，这在企业经营者看来也许微不足道，但对一线员工来说却很重要。

店长肩负着创造销售额和利润的责任，因此平常就很注重成本。虽然考察学习能有收获，可若花费交通费及住宿费，对门店利润多少会产生影响，因此店长才犹豫不决。

考虑到模范门店较远，如果是跨区域门店前往确实会花费一定成本，因此，为了不给门店增加考察的交通费、住宿费等经费支出，FR公司将其纳入了人事部门预算。实际上不管将其作为门店经费、人事部门预算抑或是公司经费，从经营角度看经费总额是未发生变化的。FR公司仅通过改变这一规则，让店长们的考察热情大大上涨。

通过这一案例，我想再次强调体谅他人心情的重要性。

前往考察的交通费和住宿费在一个门店的支出中占比并不大。尽管如此，这依然成为考察模范门店的一大瓶颈。也许店长考虑到，要是因为自己花费的这笔交通费和住宿费对门店利润产生影响，那可能会因为日常财务管理不善而受到公司的差评。不仅如此，还可能会给门店全体员工增添麻烦。公司要充分理解店长的这种责任感，在理解他们的心情的基础上找出阻碍其行动的主要原因。这一点非常重要。

公司要将目光放在眼前的经费由哪个部门承担等看似微不足道的事项上并采取措施，只有这样才能成功创建让他人自发行动的机制。

向发展的组织转变

■ 上司、同事、相关部门、外部 4 方评价提升动力

一般而言，人事评价是上司对下属传达的，而且多为单向传达。尤其对在公司工作的人而言，正所谓有"上司是最大风险"这种说法，如果与上司脾气不和，那么其考核结果不容乐观。

当然，来自上司的合理评价固然重要，但来自包含同事、相关部门、公司外部评价在内的 4 方反馈同样重要，这将改变员工的动力。如果员工受到的评价来自上司、同事、相关部门、公司外部，那么员工本人就能更加客观地了解自身优势及劣势，并且将这些评价作为思考日后发展的参考意见。此外，评价员工时除了负面评价，也要积极给出正面评价。如果能由多方人员向员工传达对其工作的感谢并给予好评，就能有效提升员工的工作动力。

在 FR 公司，员工接受来自上司的工作考评时，必定会举行面谈，让上司与员工本人共同制定目标，考评的反馈也

以面谈形式进行。面谈过程中上级和员工面对面，上司会告诉员工其工作中做得好的地方、需要改善的地方、今后的成长目标与职业发展方向等。

同事们的360度评价里经常有刺耳的反馈。首先，评价聚焦好的方面，希望员工继续保持并进一步强化。其次，坦率回顾有待改善的部分，思考应该如何改善。这些来自团队成员温暖且直率的信息传达出日常工作中难以言尽的感谢和期待。

来自相关部门的评价是以日常业务中的感谢之词或犯错时的斥责这种形式呈现的。此外还有考核会议上相关部门部长的评价，这些都能激发员工动力。

尤其重要的是来自公司外部的反馈。善用外部反馈的案例就是梦幻王国迪士尼。例如，游客对某位员工的盛情接待心存感激，便寄了感谢信到公司，迪士尼会将这封信公开展示出来以便人人都能读到。当时的FR公司也是如此，收到感谢信或者媒体刊登了称赞FR公司的报道，FR公司都会共享，因为通过外部的反馈，能再度确认大家的工作价值。

有了这些外部的刺激，员工才能不满足于现状，个人不断成长，推动组织加速变革。

■ 人事要有对经营层上行管理的决心

在实施组织战略方面，我希望人事负责人尤其要有这样的心理准备，即从事人事工作的人如果不能以掌控经营者的决心面对工作，变革就无法完成。

关于这点，我想分享一个小故事。

FR公司的经营者是极其严格的人，自己的策略很明确，对工作的水准要求也很高，因而，自然多有严厉的话语。

"完全不行，全部重做！"这是经营者的口头禅。任何事情如果没有用归零思维思考并抓住事物本质，是不会获得经营者认同的。也正是因为时刻朝着更高目标迈进，才会有这样的言语。

FR公司要由自上而下纪律性强的企业文化向信息流通顺畅且门店一线能自主思考的企业文化转变。这一时期召开的店长会议上我可谓加倍小心，因为经营者对店长们不经意的话语就可能改变变革走向。

店长会议上，店长们首先分组讨论，然后开始发表讨论结果。因为就算要求"接下来请自我思考并发言"，大家也并非立马就能做到。

会上也会出现离题的意见，这时在一旁听着的经营者应该很生气："说的是些什么低水平的发言啊，完全不行，请更认真地思考！"

如果经营者像平常这样说话，店长们就会发怵不敢再次发言。结果就是不会进行自主思考。如此一来变革就无法推进。正因如此，我经常对经营者讲："这是让员工养成自主思考习惯的练习，刚开始可能没有值得期待的发言，但请不要生气，请再多点耐心。"

我在主持店长会议时，为了避免企业经营者突然打断店长发言，时常观察经营者的表情变化，对其进行全方位密切关注。其实这样的事情也是人事的工作，如果人事没有掌控经营者的决心，则无法实现变革。

当然虽说是"上行管理"，但并不意味着让经营者做什么。企业经营者了解问题的本质之后，就能理解很多合乎道理之事。而让经营者了解问题本质是人事的职责所在，人事也应该有做到这件事的决心。

在向理想方向转变的方案中，不仅要有针对员工的部分，还应包含对经营层上行管理的部分。

■ 在 3 条时间轴上发展的企业以及支持 3 条时间轴的机制、制度与措施

FR 公司十分重视 3 条时间轴。

第 1 条时间轴是以周为单位的时间轴。我就职时期的 FR 公司，每周一早上都会召开销售战略会，目的是根据截至周日的销售情况确定下一步方向。参会人员在会上会深入讨论进展顺利的主要原因是什么与不畅销的商品及理由，同时思考下周末（FR 公司的销售主要集中在周末）的销售策略。

基于以上分析结果，公司在每周二会召集全国主管到总部一起开会，就周一的方案交换意见，最后决定周末的具体销售策略。例如，决定门店周末的陈设变更以及之后的广告单上的主打商品等。市场营销机制就是这样通过每年 52 周、周而复始的 PDCA 循环实现的。

第 2 条时间轴是以季为单位的时间轴。一进入春夏季、秋冬季，就可窥探商品销售行情的征兆，从初期动向预测该季整体销售行情。由于生产数量众多，追加订单并不容易，但如果有能追加生产的商品则紧急追加。这时商品策划部门与一线门店的联动就十分重要了，他们将从数字的具体变化中读取的信息，以及数字无法体现的门店顾客的反馈纳入整

体考虑范畴，然后进行判断。

第3条时间轴是以"下一季"为单位的时间轴，即面向未来的时间轴。UNQ的产品每季都会变化升级。如果有顾客反映白色衣服容易泛黄，那么第二季就会改良后再发售。还有个别产品会在下一季提高保暖性或增加速干或防臭功能，总之每一季都在持续变化升级。

为此，当被问到FR公司强大的秘诀时，我总是这样回答："FR公司既是服装业也是制造零售业，其强大的关键在于成为市场驱动型企业。"

这里所说的市场驱动型企业是指能够听取顾客声音，生产新的产品并不断改良产品的企业，是能察觉顾客变化并改进销售方法的企业。可以说，成为这样不断发展的企业就是强大的秘诀。

以上3条时间轴的共同点是都需要全公司团结一致，否则无法迈向更高水平。虽然使用了"全公司"一词，但最终要依靠每个人都朝着同一方向前进并发挥各自的影响力，公司整体才能变强、变优秀。成为优秀企业没有捷径，唯一的方法就是制定并采用以此为目标的机制、制度与措施，并逐个切实推进实施。

为实现人与企业的价值交换，
日本企业首次引入"优衣库型 401K"

  我思考企业机制、制度与措施的出发点，是想构建一个能实现人与企业的价值交换的社会，也就是人与企业重视各自价值的同时实现双赢的关系。

  我的这一理念成为现实的体现之一是，与日本厚生劳动省多番交涉之后通过了被称为"优衣库型 401K❶"的养老金制度，这也成了日本企业养老金史上划时代的事件。受益于这一举措，虽然是企业型养老金，但个人自由度也大大提高了。

  我在迅销集团就职时期负责修订养老金制度，并以此为契机提出了"优衣库型401K"计划。当时，在中小企业占主流地

---

❶ 401K 计划类似于国内的企业年金，是一种在国家社会保险的基础上，由雇员、雇主共同缴费建立起来的完全基金式的养老保险制度。——译者注

位的退休金制度即将根据政府意愿被废除，急需建立新的养老金制度。因此，当时迅销集团决定转向刚出现不久的，被称为企业型401K的定额缴款养老金制度。因为是企业型401K，理所当然，当时养老金的缴纳金额由公司单方面决定。

对此我的想法是：养老金虽然是由公司缴纳的，但退休后的生活是自己的。现在的生活和退休后的生活都属于自己，但是却被公司控制，这太奇怪了。

诚然，公司可以评价员工的工作，并决定包括养老金在内每年支付给员工多少薪酬。但是，员工从公司得到的薪酬中要拿出多少作为养老金，这难道不应该由员工自己决定吗？例如，父母生病住院需要用钱的时候，虽然知道养老金对将来很重要，但眼下还是最需要现金。这种时候，为将来做准备的养老金也能为解决当下的问题取出来，这样不是很好吗？因此，我主张养老金的缴纳金额由员工自己决定，同时根据情况，养老金缴纳可以暂停一段时间，之后再继续缴纳，这样才是建立在个人与企业价值交换理念基础上的计划。

在本计划的具体实施层面，我尤其关注以下四点：

①虽然是企业型401K，但员工可以自行决定缴纳金额。

②员工可以根据生活方式和对未来想法的更改缴纳金额。

洞察人心：
实现自我驱动的组织变革

③本计划并非以前的退休金制度的延伸，而是建立在迅销集团独有的人事思想基础上的全新想法。

④该计划能全方位支持员工的生活与事业规划。

为满足以上四点要求，迅销集团采取了如下措施：公司缴纳的养老金金额是全员统一的，是按照当时税收优惠下的全额缴纳的。这部分金额里面，一部分作为401K的费用存起来用于将来养老，一部分用于提前退休金制度，现在就可以以现金的形式领取，员工可以自由选择二者的比例。

只是这项制度的引入几经波折。因为是史无前例的新方案，所以和日本厚生劳动省再三协商后才最终得到认可。日本厚生劳动省反对我提出的将最低缴纳金额减至0日元的方案，认为缴纳0日元就意味着中断缴纳，如果认可这个的话这就不是养老金制度了，和储蓄没有任何区别。多番商量之后，最终决定将最低缴纳金额定为100日元。在灾害、疾病、债务缠身等特殊情况下，可以选择缴纳这个金额。实际上，日本厚生劳动省已经非常体谅我的想法了。

这一全新的401K计划经由业界媒体报道之后成为话题。不久之后更被称为"优衣库型401K"，并被引入多家企业。

也有人认为这一方案下养老金运用的责任在个人，因此有很多缺点。但是我反而认为所有权的转移能够让员工不必担心受到将来企业业绩的影响，这于员工是好事。

也许有读者会感到疑惑，本书以组织变革为中心，为什么这里要谈到养老金制度呢？在此我是想通过这个例子向大家说明，人生属于每个人自己，企业归根到底也只起到一个支持的作用。此外还想传达的一点是，像"优衣库型 401K"这样理想的机制、制度与措施不仅在企业内部，还应该在全社会范围内加以推广。

第 **5** 章

支撑企业强大的幕后主角是沟通机制

对视野与视角和影响范围的理解是沟通的前提

在让企业变强大的机制、制度与措施中，沟通尤为重要，它是支撑企业强大的幕后主角。

为人与人之间沟通不畅感到困扰的企业远比想象中多。可以说，几乎所有企业都存在沟通问题。

企业人数越多沟通问题越趋于复杂化，这是老生常谈的话题。原因在于连接人与人之间的线增多。2个人之间有一条线，3个人聚在一起就会形成3条线，这些线构成了人与人之间的连接。但是，如果有4个人，那他们之间相互连接的线条数就不再是与人数相同的4条了。随着人数增加，沟通之线的线条数可以用 $n \times (n-1) \div 2$ 这个公式来计算，10个人有45条线，20个人就会形成190条线，加倍递增。

复杂性上升之后沟通中便会出现形形色色的问题。若是在组织中，复杂程度还会进一步增加。究其原因，是因为组织中还涉及职务高低等因素，存在不对等的人际关系，导致人与人之间产生沟通问题。上司和下属之间，经营者与一般职员之间等，都会发生各种各样的问题。

例如，上司和下属之间的沟通，除了惶恐和顾虑，还存在视野的广度、视角的差异等问题。因此，即使同一句话，能否理解到位也因人而异。上司站在自己的立场下达自己认为理所当然的指示，下属却没有按照上司的期待理解到位，这是因为二者视角不同。下属在自己理解的范围内竭尽全力去做了，也有可能远远低于上司的期望值，这种情况在日常工作中并不罕见。

部门之间的沟通也会出现类似情况。说得更直截了当一些，这是因为每个部门的关注点不同。换言之，由于视角不同，即使传达同样的信息，引发的行动也不尽相同。

要解决组织的沟通问题需要致力于以下两点：一是共享视野和视角。二是充分认识工作的影响范围。

第一点是共享全公司的视野和视角。这里所说的视野指的是各部门的关注点所在以及由此导致的对事物的看法。视角指的是成员、科长、部长、经营者的关注点以及站在各自立场上对事物的看法。带着不同的视野或视角，即使接触到同样的信息，从中提取的内容也存在差异。基本上，人的触角只能捕捉到自己关心的信息，因此需要填补这之间的沟壑。

要让公司全员相互理解各自职务、立场不同导致的不同视角，光靠一般的手段收效甚微。因为如果不实际站在对方的立场上去看待事物就有可能一叶障目。

如果不持续付出努力去理解各自视角的差异，就很可能导致组织沟通不到位。为了将视角的差异传达给所有成员，首先要从经理等管理者做起。管理者要求下属做某事时务必向对方表明自己为什么需要这些信息，以及为什么要让对方去做这些工作。从董事到部长，从部长到科长，从科长到成员，逐层传达信息。日常工作中形成这样的习惯之后，就会逐步促进互相理解。

另外，企业还需要开展相关培训，让员工学会从比自己所在层级高一个层级的视角去看待事物。让参加培训的员工去思考如何从整个公司层面进行改善，以及如何落实这些改善的方法。如果培训对象是部长，就让其假设自己是社长、董事来展开（培训）课题；如果培训对象是科长，就让其假设自己是部长来展开（培训）课题。通常培训对象的表现差强人意，其表现好坏主要取决于是否理解上司的视角。站在上司的立场不断思考上司会关注哪些点，长期下来视角就会逐渐改变。关于视野的改善对策，将放在后文的"影响范围"部分进行阐释。

第二点是关于正确认识自己现在做的工作会对谁产生怎样的影响。这一影响范围，更确切地说是自己的工作是从谁那里接过接力棒？接力棒要交给谁？如果交接迟了，会受到什么影响和产生什么影响？员工务必弄清楚上述问题。

当然，大多数情况下接力棒都不只一根。有些时候员工会接收多根接力棒，将它们进行加工再作为新的接力棒传递下去。另外事先知道接力棒的传递方向只局限于自己前后的两个人并非好事，因为接力棒的影响会一直延伸，所以如果自己没有接到接力棒，有可能是自己前面甚至更前面的那位负责人的原因。

要让组织沟通更加顺畅需理解视野差异，认识影响范围，这一过程的关键在于第4章介绍过的价值链。可以通过多种方式开展活动来让员工认识价值链的全貌。正如之前在FR公司的案例中谈到的，以视频的形式反复说明公司的商业机制，这也不失为一种好方法。另外，公司还可以通过内部刊物来介绍。

培训这种形式也很有效。我经常在管理培训中导入价值链，让管理者写出自己公司的价值链。因为是培训，所以通常会让大家分组完成。结果几乎没有小组能完整写出价值链，因为大家都只了解自己所在部门或身边部门。如果小组成员由多个部门的员工组成，还可以在一定程度上描绘出全公司的情况，但是也无法还原全貌。培训时，各个小组发表完后，我一定会要求大家在共享培训内容的同时了解全公司的整体情况。

在管理培训中了解公司的价值链效果显著，这是因为管理者肩负着连接各部门的责任。管理者理解各部门的职责，头脑中有公司价值的连接（即价值链）的图像，就能够加强部门之间的联系，打破组织壁垒。此外，发生意外情况时，信息也能迅速在相关部门传递。

理解价值链的另一益处在于，管理者理解价值链之后，在日常工作中就会更多地跟员工共享必要的信息。如果现有的管理者都能达到这种状态，只要再对新任管理者加以培训，就能创建一个所有管理者之间紧密联系的组织。

理解价值链的影响范围，共筑良好协作关系的有效方法是加强与传棒给自己的部门和自己的接棒部门之间的联系。例如，开展体验活动，在一定时间内去其他部门轮岗，公司拿出一定经费支持相关部门员工之间的交流，增加他们相互认识和交流的机会。了解价值链并看到其影响范围，员工自然就能理解其他部门的视野了。

部门不同导致视野不同，职责和立场不同导致视角不同。通过共享价值链的全貌和各部门的影响范围，员工就能知晓自身责任所在，同时认识到各部门是如何相关联的，这些都是组织沟通顺畅的基础。

企业的强大与会议质量密切相关

会议是企业沟通的重要环节。可能任何公司关于自己公司会议的形式都会多少感觉到有一些需要解决的问题，但很少有公司彻底思考应该以怎样的形式组织会议。然而，优秀企业一定会不断摸索最适合本公司的会议形式，并凭此增强企业实力。

在此我将向读者介绍我之前工作过的瑞可利集团、迅销集团、软银集团的会议特征。当然，全部介绍这3家公司的所有会议并不现实，只能选取一些能体现其特征的事例。希望读者能够将我介绍的会议组织形式作为思考企业特征和会议特征二者关系的素材，以此为基础进行阅读。

会议形式也关乎社外规范与社内规范的实现及核心竞争力的强化。为何举行会议？如果能理解其中的意义和目的，就能明确会议形式，从而找到适合本公司的会议形式并通过不断实践成为优秀企业。

■ 瑞可利集团的会议是"全员参加型"

在瑞可利集团，参加一场会议的人数众多。瑞可利集团除了正式员工，还有合同工及兼职员工等雇佣形式各异的员工。如果是在普通公司，参会者仅限于正式员工。但是在瑞可利集团，不论哪种雇佣形式的员工，跟会议内容相关的员工都必须参会。

跳槽过来的员工们经常会这样说："人员开支也是一笔钱，应该限制人数，只让正式员工参加，其他人没必要参加。"

但瑞可利集团的员工从未这样想。客观来讲，因为要占用全体参会者的时间，所以付出的成本很大。但会议产出的价值是高于成本的。因为相关人员全员参会，每个人就能了解彼此的意见。同时，这也能让大家清楚做决策的全过程。

例如，公司出现一些突发事件的时候，合同工或者兼职员工也立刻知道向谁汇报。究其原因，是因为合同工和兼职员工也参加了会议，他们非常清楚每个决策背后的详细过程，因此可以根据自己的判断采取行动。

另外，员工还可以透过一项指示从整体上理解公司想让自己做什么，反而缩短了公司对每项指示的内容进行逐一说明的时间。这与正式员工、合同工、兼职员工的身份与立场无关，这样做能够让每位员工自主判断，并在此基础上采取行动。

乍一看参会者数量如此庞大，可能会认为成本太高且浪费时间，但其实这样做有利于提高日常工作的效率。原本瑞可利集团的企业文化中就包含了"让每一位员工成为行动主体"这一价值观。再者，瑞可利集团"自己创造机会，利用机会改变自我"的企业理念不仅针对正式员工，也是对合同工、兼职员工的要求。但若不了解行动的意义和目的等信息，谁都无法成为行动主体，因此企业才需要建立一个让合同工、兼职员工和正式员工获取相同的信息，同样作为公司主人翁开展工作的机制。

瑞可利集团的业务是固定业务，涉及企划和销售的工作较多，需要随机应变的场合也较多。要想创建被称为"提案型"的能创造高附加值的商业模式，就务必让全体员工都能够自主判断、自主行动。综上所述，企业性质与会议形式密切相关。

■ 迅销集团的"一桌会议（One-Table Meeting）主义"

迅销集团在举行会议时，将与会议主题相关的所有人员聚集到一起，这叫作"一桌会议主义"。

例如，假设某件商品销量很好，需要召开以追加生产为主题的会议。首先，该商品的跟单员（MD）当然要参会。其次，追加的商品一旦交付就要开始销售，因此市场营销部部长和销售负责人，以及生产部部长和制造商品的工厂负责人，还有负责门店销售的店铺运营部部长也要出席会议。如果涉及追加生产，那么物流方面可能需要特别对应，所以物流相关责任人也必须到场。就这样，与会议主题相关的全部人员共聚一堂召开会议。

很多企业会由各部门将会议上所做的决定带回去，在本部门内判断是否可行，之后再召开会议听取各部门的反馈意见。根据情况有时候企业甚至会召开多次会议，这无疑降低了工作效率。

为了提高组织的决策速度，首先要将"能够做判断的人"召集起来展开充分讨论。"能够做判断的人"是指各部门领导和知晓一线情况的负责人。有这些人在场，所有决定都可以在会议当场做出。决策速度和行动速度源于会议机制。迅销集团之所以重视"一桌会议"，是因为将相关人员聚集到一起，使得制造零售业这种商业模式需要的"当即决定、当即执行"得以实现。这体现了企业的强大与会议质量之间的关联。

■ 软银集团重视头脑风暴

在软银集团，做重大决策之际每天都会开展头脑风暴（详见后述）。确切来说，并非从公司经营者到一线员工全员参加头脑风暴，通常参与头脑风暴的是以经营者为中心的领导班子。头脑风暴的主题多种多样，如新业务的企划、强化现有业务的方针政策等。

软银集团从未停止探索新事物，因为投资案件都是全新的因此，提出新想法非常重要。在充分调研的基础上，以调研结果为素材从中提炼出新想法。不凭感觉，而是以事实为依据。软银集团希望能够共享包括数据在内的各项客观材料，在此基础上发散思维开展头脑风暴。领导干部形成这样的习惯之后，就能在不知不觉中提高会议效率，提升会议效果。

在领导干部中进行的头脑风暴，其召集者是经营者。召集者在收集与会人员想法的同时，提出比之更胜一筹的想法，进一步提高讨论质量。最终由召集者做出决策。挑战欲和速度感构成了软银集团的基础，体现在企业的方方面面。它们也与会议形式密切相关。

以上3家公司的共同特征是讨厌单纯在既有业务上延伸或模仿其他公司，追求归零思维。它们对归零思维的追求不限于会议场合，当然，会议中的归零思维也很重要。归零思维在其他章节也有涉略，它指的是一种对现有常识和规则时常持有怀疑，考察其是否正确，并回到一张白纸的状态重新思考的思维模式。因为从零开始，所以企业往往能够在不受其他因素干扰的情况下得出结论。

为什么要开展这项工作？为什么要用这样的方法来开展工作？为什么要在这个时间节点开展这项工作？任何企业都需要具备从零开始思考以上三个问题的习惯。召开会议时也要从这个视角出发展开充分讨论。有了这种习惯，不仅每项工作的质量都能提高，组织整体应对变化的能力也会增强。

把握目的和特征，熟练运用 3 种会议

　　瑞可利集团、迅销集团、软银集团都非常重视会议这一企业沟通的代表性方法。会议的命名方式多种多样，如销售会议因参会者的属性和内容涉及销售数据管理而得名，董事会议与部长会议则得名于参会者的职位。

　　近来，很多人认为开会并非好事，公司应该减少会议。甚至公司经营层也出现了认为没必要开会的人。诚然，谁都不喜欢效率低下的会议。然而，生活中每天都在重复着浪费时间和成本的会议。我认为主要是以下原因造成的：

　　①浪费时间、效率低下、讨论不出结果，会议主持人和参加者在之前的会议中只有上述不良体验。可以说这属于"不知高效会议为何样"的例子。但是，有过"会议结束后思维完全打开，进入另一个次元"这样体验的人就能切实感受到会议的价值所在。以会议运营能力不足为理由否定会议本身，这是不负责任的说法。实际上恐怕是因为公司里没有培训会议组织方法的人，只是单纯通过看样学样的模仿来传

承本公司的会议文化。

②与其召开会议进行讨论，不如直接由经营者下达指令让员工去落实。如前所述，企业发展到某个阶段之前，经营者对业务细节和市场状况了如指掌。这一阶段，员工全力贯彻执行经营者的指示这种形式更有利于企业在竞争中获胜。像这种上情下达型的企业，不需要展开讨论、碰撞观点的会议，有能够下达指令、传达及接受所需信息的场合足矣。为本公司会议时间短感到自豪的经营者多属于这个类型。说得极端一些，员工只是企业达到目的的棋子。只是，如果企业想要获得成长或者扩大规模，还继续沿用这一套方法就会在不久之后达到极限。

③参会者存在的意识问题。参会者如果没有主人翁意识，不具备主体性的话，任何会议都无法顺利进行。表面上主动参与会议，但实际上并不会在会上认真思考。因为不想承担责任，所以害怕给出结论。正所谓"枪打出头鸟"，害怕麻烦所以干脆什么都不说，只是识趣地追随领导的发言。你的脑海中有没有浮现这样的开会情景呢？问题不在会议本身，而在于参会者的意识。在会议暴露出这一问题之前，企业应该制定鼓励员工自主行动的机制、制度与措施。

从我的经验来看，会议可简单分为3种类型。为了提高会议效率，提升会议效果，企业要从便于每个人认知，便于在日常工作中灵活运用的视角来整理会议目的，即这个会议要达到什么目的。具体来说会议类型有以下3种：

- 以信息共享为目的的会议。
- 以得出结论为目的的会议（讨论会）。
- 以发散思维为目的的会议（头脑风暴）。

如果能在全公司共享接下来要介绍的会议的3种类型，会议质量会大有改善。企业只需要改变参会者的意识，就能提高会议效率，提升会议效果，不仅如此，会议的精准度也会提高，也就自然而然会取得相应的成果。

以信息共享为目的的会议需要具备什么

以信息共享为目的的会议旨在同时向参会者传达希望他们知道和了解的信息。会议内容不限于决定事项，也包括经理向成员传达本月方针等。

我从事经营咨询性质的工作，因为工作关系我观摩过很多企业的会议，也亲眼见到过无数不可思议的场面。发言人抱着分享信息的目的发言，却有人提意见，其他人也就跟着提意见，于是就会出现"为什么要这样决定？应该要这么去做！这个决定有经过讨论吗？"等质疑的声音，就这样会议浪费了很长时间。如果这场会议是想通过讨论得出某个结论，那没有任何问题。但是这已经是决定了的事情，再怎么讨论结果也不会改变，这样做就只会造成时间的浪费。你经历过类似的会议吗？

这种现象出现的原因是会议推进人或者发言人没有清楚表明会议性质，由此给听者带来了一种可以自由发言的错觉。

"接下来我们将共享信息。"

像这样一开始就要宣布会议目的，其他内容后面再补充也不迟。

"接下来我们将共享××项目决议的相关信息。如有不明之处，可以在说明结束后提出。"

换言之，发言人务必首先宣布这场会议是为了共享信息而开的，将听者的意识集中到理解发表内容上。

如果决定是可以在会上做出改变的，也要明确告知参会者。

"接下来我们将共享××相关信息，说明结束后再来讨论该决定是否可行，有无可改变之处。请大家先认真听说明，之后再发表意见。"

综上所述，应该明确本次会议要做什么以及希望参会者怎么做，这是以信息共享为目的的会议的第一个要点。

第二个要点是发言人要选择合适的表达方式。这也是向他人传达信息时的终极秘诀，即按照结论、理由、具体事例、应该怎么做的顺序表达。我以擅长演讲的人为参考，加之自己也有很多机会当众发言，如演讲、培训等，尝试各种表达方式之后得出了这个结论，同时我在实践中感受到这是最佳表达方式。

以下4个要素都发挥着重要的作用。

①结论

这是首先要表达的内容。就像PRER法（要点Point，原因Reason，Example举例，Point要点）第一项就是Point（要点）一样。但是，此处所讲的表达方式中首先要表达的不是要点而是结论。

②理由

为什么接受该结论？清楚表达接受结论的理由、背景、意图和依据。

③具体事例

举出能够让对方理解的具体事例。想象听者的性格和生活背景，选择适合对方的具体事例。所讲的事例能够让对方理解，这一点非常重要。

④应该怎么做

基于最初的结论，直接向对方表达"所以，你应该怎么去做""这样做比较好""我希望你怎么去做"等。

按照以上顺序传达这4个要素，听者的头脑中会产生什么反应呢？

从结论开始表达，那么听者一开始就会带着赞成或者反对的意识来听接下来的发言。赞成者可能会有"确实如此"的共鸣，反对者则可能产生不信任感。但是，无论如何他们都会将目光投向发言人。不论赞成还是反对，他们都会集中注意力听发言者的讲话。

达到这个效果后，再来表达理由。也就是表明得出结论的依据。交代清楚背景和意图，赞成的人会点头，因为再次确认到自己的意见是正确的。也可能有部分反对者听完了可能会露出"啊，原来如此"的表情，但心里依然存疑。陈述理由之后可能会营造出这样的氛围。

我观摩过很多企业的会议现场，遗憾地发现很多发言者止步于结论和理由。因为没有实例作为支撑，听者无法感同身受。

所以，在发言中加入具体事例也很重要。因为人之所以能理解某个人的话，是因为能够领会其中的意思。而领会意思的关键在于自己过去也有相同的经历。或者虽然没有相同的经历却能够感同身受。人有这样的感受之后就会表示理解并接纳。如果没有这个过程，听者很可能还是会对某个地方心存疑虑。

这里说的具体事例必须是能让听者有代入感的事例。实际上我在进行演讲的时候会提前一点进入会场，先观察来的是什么样的听众，并且走近听众，通过观察从准备的几个事例中选择适合他们的案例。

在结论、理由、具体事例都得到听者的理解后，最后要再次明确"所以大家（你）需要这样做""这样做比较好""我希望大家（你）这样做"，提示对方应该如何行动。

实际上企业进行信息共享的谈话时，多是希望对方听到这些信息后能产生行动。例如，企业谈论某项新规则，是希望听者能够遵循该规则，按照新规则采取不同以往的行动。企业共享成功案例和专业知识的时候，是希望听者能够从中学习，做出更好的成绩。

但听者若非集中注意力有意识地倾听，只是泛泛地听并不会引导自身行动，大多数时候止步于"听到了一些不错内容"。显然这样无法达到目的。发言者在信息共享的基础上让听者体会到"所以，应该这样去做"尤为重要。

这4个要素按顺序表达时效果最佳。在这个过程中体会到听者的心理变化，为了便于对方理解调整顺序也是可行的。但是，这4个要素缺一不可，只有将它们全部表达清楚才能获得对方的理解和接纳，从而让对让方将接收到的内容化为实际行动。

另外，这4个要素也可以作为准备发言时的确认要点灵活运用。即，事先确认是否具备这4个要素。特别是对不善表达的人会非常有帮助。养成表达时具备这4个要素的习惯，不论在公司内部还是外面的发言场合，你的能力都会有明显提升。

综上所述，以信息共享为目的的会议必须意识到这4个要点。

以得出结论为目的的会议需共享推论过程

公司召开的各类会议中，以得出结论为目的的会议占比最大。即使是规模没有大到可称为会议的小型讨论会，其本质也是2个以上的人集中到一起商量某事并得出结论的过程，因此也可以说是以得出结论为目的的会议。

以得出结论为目的的会议上最常进行的就是讨论，通过深度讨论来得出结论。这种会议主要有以下4个要点。

①说出自己的意见。

这是最基本的一点，即深思熟虑后将自己的想法表达出来。

②共享推论过程。

自己的意见是基于何种事实和现象，考虑了哪些因素，如何进行推测与推论，如何得出最后的结论，以能被听者理解到位的方式交代清楚上述问题。换言之，不仅要分享自己的结论，也要分享自己的整个思考过程，让这些信息能全员共享，如图5-1所示。

③**明确传达结论、理由、具体事例以及应该怎么做**。

这一点在"以信息共享为目的的会议"部分已经有过表述，这是向他人传达信息过程中必不可少的环节。

④**在理解对方意见产生背景的同时推进讨论**。

发言者传达包含自己的思考过程等在内的各项内容，此时听者的意识也很重要。听者应该在理解对方所持意见的背景、理由、依据等的基础上倾听，这样方能展开深入探讨。

上述4点中有两点尤为重要。

一是在理解对方意见产生背景的同时推进讨论。如果参会的每个人只是自顾自地陈述自己的意见，提出自己的结论，那最终会倾向于由话语权更大、职位更高的人拍板决定。很常见的情况是参会者以讨论为目的召开会议，最后却将讨论变成了一场辩论，大家相互批判对方的意见。显然，相互批判、相互指责无法得出有效结论。任何组织聚在一起

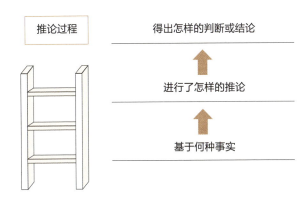

图5-1 共享思想背景

做决策的时候，在互相说服之前首先要互相理解对方所持意见背后的依据。

在这个日新月异的时代，商业上没有绝对的正确答案，我们能做的只是尽量靠近最优解，更何况我们也无从得知得出的结论是否为最优解。为了尽量向其靠拢，共享所有人的思考内容，在此基础上大家共同商议得出答案。这个过程非常重要。

这时就需要推论过程，这是前面提到的尤为重要的两点中的第二点。推论过程展现的是指人基于何种事实、现象、信息，进行了怎样的推理与推论，最终得出了什么样的意见或结论的过程。为了便于读者理解，在此我将以一个简单事例来介绍推论过程。

有两对夫妻，几乎同时搬家到同一个地方。他们瞥一眼窗外就可以看到邻居家的太太们在路边唠家常、聊八卦。看到这一幕，A夫妇有如下对话。

"老公，你看！这附近的太太们在聊八卦呢。"

"那个壮一点的人好像是这一带管事的。"

"这么说，如果让她知道了我们家的事情，那所有人都会知道吧。跟她打交道可得小心一点儿。"

"是啊，我可讨厌被八卦了。一点小事一下子就传开了，这太可怕了。"

A夫妇的结论是壮一点的人是这一带的管事人，跟她打交道的时候要小心，即不主动打交道。

接下来再来看看B夫妇看到同样的场景会做何反应。

"快来看啊，那个壮一点的人好像是这一带管事的。"

"好像是。那女儿要去哪个培训班补课问她是最清楚的了。"

"是啊，问她可能更快也更靠谱。要不我们明天就去买点点心，去她家打声招呼吧。"

"可以，我赞成。就这么做吧。"

可见，B夫妇的结论是主动打交道。

从这个事例可以看出，推论不同所得出的结论可能完全相反。即使面对同样的事实，怎么理解，着眼点在哪里，又是怎么考虑的，这些都会导致不同的结论。这就是推论的可怕之处，也是其有趣之处。不同的人有不同的推论方法，可以说这是推论的价值所在。因此，不光是要共享结论，还要一并共享推论过程，这一点至关重要。

以得出结论为目的的会议往往不会陈述为什么这样想，而是直接表明赞成或反对。这样再怎么讨论也得不出正确结论，所以大多数情况下最后都会少数服从多数，或者由职位高的人来拍板决定。

基于何种事实或现象，进行了怎样的推论，做出了什么样的判断或者得出了什么样的结论。共享以上推论过程，就能让所有人理解他人的想法及得出该结论的理由。

如果对事实的认知出现偏差，推论也会随之变化。所以必须共享看到了什么，从谁那里听说的，这样想是基于何种事实等推论过程。基本上，人说出自己持赞成还是反对意见并由此表明自身立场之后，就会倾向于维护自己的立场，执着于自己所说的话，难以接受他人意见。但是如果认识到自己并未了解事情的全貌，想法自然就会发生变化。这种情况下推翻自己之前的结论也不足为奇。

"我在不清楚全部事实的情况下发表了意见。知悉全情之后我认为也存在你说的那种情况。"

大家会像这样重新思考问题。

另外，在进行推论时，如果能共享彼此的想法和看问题的着眼点，就能够像下面一样接受其他的意见。

"我是着眼于风险来考虑的。但确实如你所说，现在是决定成败的关键时刻，这样一想你的方案也是可行的。"

人们对改变意见的抵抗心理会减少，固执的人也可以保住自己的面子，从而更容易改变对方的意见。

共享个人意见的同时一并共享推论过程，由此全体与会人员思考的广度和深度都将有很大进步。究其原因，是因为讨论是在全员智慧的前提下展开的。另外，这样做还可以让人不拘泥于自身立场和面子观念。这种情况下改变意见更为容易，也就更能做出接近最优解的决策。

推论过程的另一个好处在于可以确认思考的背景。

人的想法并非全都基于事实。很多时候没有弄清传闻或者信息真伪，仅凭听过这样的话和有过这样的报道，就将其作为判断依据。

　　共享各自想法的依据与前提，就能够确认思考的背景是否有误。如果将错误信息和真伪存疑的报告作为依据，那么得出的推论也相当不可靠。一旦发觉这样的迹象，即使为此花费更多时间也最好在这次会议上做出另行讨论的决定，例如在下次会议之前确认清楚事实，在此基础上再来讨论。

　　共享推论过程是有技巧可循的。因为要共享包括背景在内的庞大信息量，所以如果畅所欲言将花费很长时间。因此，发言者需要练习如何将结论、理由、具体事例、应该怎么做表达清楚。听者也要仔细认真地去听他这样思考的依据和背景。只要做到这些，讨论的质量将大幅提升。

　　讨论才是会议上最重要的事情，然而很少有企业能有效利用讨论环节。几个小时都在重复同样的话题，无法拓宽讨论范围，抑或是在还没进行深入探讨之前就到了会议结束时间，不得不匆忙做出决定。也许会上能得出还算像样的结论，但是否是最优解还有待商榷。为了最大限度地发挥会议的价值，任何公司都应该进行旨在提高讨论质量的训练。

以发散思维为目的的会议（头脑风暴）需要组织者

很多人知道头脑风暴这个词，但真正意义上体验过头脑风暴价值的人并不多。这是我经过各种企业咨询案例后的切身感受。

大家的头脑像旋风一样旋转起来进行发散性思维，大量的灵感也会像旋风一样被激发出来。不夸张地说，如果能善于头脑风暴，就能极大地增强组织实力。所谓众人拾柴火焰高，比起一个人埋头苦思，集思广益、激发创意灵感能够产生事半功倍的效果，或者引发连锁反应，产出更多创意。

要让头脑风暴产生效果，需要掌握4项原则：不批判、自由发言、重视数量胜于质量、结合并巧妙利用不同意见。在此基础上结合不同观点，我个人梳理出了以下4项规则：

①有话直说。

开展头脑风暴的节奏很重要。参会者将听到他人的发言和主意后自己脑海里浮现出的内容及时表达出来，即使是不成熟的想法也不要紧。重要的是保持节奏，踊跃发言。因为，会议目的是希望参与头脑风暴的成员都能有话直说。

其次，确保心理安全感也是不可或缺的条件。即使是乍一看略显笨拙的想法，也要给予对方鼓励，创造一个让成员能够安心发言的氛围。这是头脑风暴顺利开展的前提。

"在这里说这样的话怪不好意思的。"

"这么说的话可能会被瞧不起吧。"

如果存在这样的顾虑就无法畅所欲言，然而很多号称头脑风暴的会议并没有充分保证参会者的心理安全感。本想展开头脑风暴却陷入长久的沉默，出现这种情况的原因也在于此。如果进行头脑风暴时能确保参会者的心理安全感，让他们毫无顾忌地说出可能会被瞧不起的话，受到这句话的启发，谈话内容会更广泛，也就能碰撞出更多火花。

此外，头脑风暴无法顺利进行的原因也可能是参会者过分在意自己的地位、立场及部门等。发言者和听者无论哪一方哪怕有一点"这是身为 × × 的意见"这样澄清自己地位和立场的意识，都将对后面的讨论产生负面影响。这是因为一旦有这种意识，想到自己作为某个部门的代表在发言，就不得不停下来思考，从而无法受到其他想法的刺激并畅所欲言。不论在组织中处于何种地位或者站在何种立场，都要抛开身份作为独立的个体参加头脑风暴。

禁止对于他人的意见吹毛求疵，化解无法自由发言的氛围同样重要。例如，规定不用职称称呼对方，而是互相直呼姓名。特意挑选非工作场所进行头脑风暴，营造出一种非正式感，这些也是有效的方法。

②不否定他人。

头脑风暴失败的原因在于不知不觉之间走向互相否定的方向。

"刚才说的话真没意思。"

"刚刚的发言也就这样吧。"

一旦形成这种否定的氛围，就难以畅快表达自己的意见，发散思维的范围也会变窄，讨论内容也会局限于常识性的内容或者是现状的延伸。

比起自己提出创意，否定他人更加轻松。因此人总是不自觉地走向否定他人的方向。如果不发言，不提出想法，就感受不到自己参加了会议。因此，很多情况下参会者会为了找存在感而没话找话，为了发言而发言，从而无意识地说出很多否定他人的话。

人一旦被否定就会退缩，不再表达自己的意见。一旦有参会者说出否定他人的话，就在无形中扼杀了头脑风暴。如果有人只会说否定的话，那么请不要邀请这类人参加头脑风暴。

③参会者支持会议组织者。

没有灵感的时候，很多公司会提出：要不我们来一次头脑风暴吧。在没有准备的情况下，这样的会议很容易成为泛泛的讨论。

但是，要让头脑风暴顺利进行，就需要在开始之前先明确为了谁提出意见，这一点至关重要。也就是说头脑风暴需要有一位组织者的存在。由头脑风暴的组织者发挥领导力来推进会议（图5-2）。如果没有组织者，头脑风暴就像没有出口的迷宫，无法帮参会者做出意见的取舍。

为了便于大家理解组织者的存在，在此我向大家介绍一下理想的头脑风暴的开场白。

"感谢各位今天来参加头脑风暴。之前也告诉过大家，

图5-2　头脑风暴的召集者和参会者的关系

将由我来负责本次项目。我调查并确认了到去年为止的各项企划，思考了很多方面。这些企划在事先发给大家的资料中。但是我认为过去的企划完成度并不高。为了对其进行优化，我们应该做些什么呢？很惭愧我无论如何也想不出来。所以召集了各位，我觉得在座各位可以帮我一起来想一想。我们都是老熟人了，所以请放心地畅所欲言。请各位今天多帮我提些意见，为我提供一些改善的角度。拜托各位了！"

如此一来，有了组织者，就可以明确主次，也可以明确每个人的作用和责任。组织者有推进头脑风暴的责任，参加

洞察人心：
实现自我驱动的组织变革

者有支持组织者，尽可能多提意见的责任。组织者还有提供头脑风暴的场所、确保心理安全感、提升会议价值的责任。所以，要由组织者统领全局。当头脑风暴进行到一半遇到瓶颈难以提出新想法时，组织者应该抛出问题引导参加者转换视角，或者让大家休息一会儿。另外，万一还是出现了否定的发言，用轻松的语气提醒对方注意也是组织者的责任。当然组织者也会受到大家所提意见的刺激，激发出灵感，从而参与其中加入发言，炒热气氛。但是，组织者需始终牢记统领全局的责任。

如果要确定组织者，那么问题来了。科室或者小组等同一组织的成员开展头脑风暴时，组织者的存在是否有必要呢？但若是没有组织者，随意地进行讨论，头脑风暴将无法顺利进行。我也见过很多不确定一个组织者，关系好的成员一起聊天的头脑风暴。因为谁都不用承担责任，所以谈话会在轻松的氛围下一直拖拖拉拉持续下去。加之，因为谁都意识不到自己的作用和责任，所以谁都不会推进会议，即使提出想法也不是认真的。

头脑风暴中能够提出让在场的人都拍案叫绝的想法当然很好，但并非每次都可以达到这个效果。此时，应该要优先让组织者满意。如果组织者认为通过这场头脑风暴得到了能够打破现状的想法，那就称得上是令人满意的头脑风暴了。这取决于组织者个人的想法。

因此，同一组织的成员开展头脑风暴同样需要组织者。如果是就科室等集体问题开展头脑风暴，组织者应该是科长。由成员来担任运营推进小组组长或者主持人都可以，但是组织者只能是科长。

另外，针对负责人在小组成员内的项目开展头脑风暴时，应该由项目负责人来担任会议组织者。为了让大家集思广益、献计献策，组织者要事先提供详尽的信息，并明确告知"拜托大家为我多多提议"。此时，即使参加者中有项目负责人的上司，如科长等，也要让这位上司为组织者提供想法，让他意识到自己的职责并积极参与其中。即使组织者的抉择并不完全正确，也不能让科长越俎代庖替组织者对收集到的想法做出取舍，因为这样做无法让员工成长。如果这种事情反复出现，身为组织者的员工就会认为即使自己不做决定，科长也会做。这种情况下何谈培养员工的主动性和责任感。

如果上司不完全同意新人组织者的决定，可以等头脑风暴结束后另行召开会议进行指导。这样不仅可以提高头脑风暴的质量，还可以培养人才。

当有不同部门的人参加头脑风暴时，其价值可以得到提升。因为组织者可以向不同视角的人征询意见，跟大家商量说："诚实讲我们现在遇到了瓶颈，需要借用大家的力量和智慧。"能够跨越部门，跟各种各样的人建立关系并从他们那里获取创意，这样的人能力极强。如果在一个公司内能够自由进行这样的头脑风暴，这个公司就会非常强大。实际上我在工作过程中也会为了借用其他部门成员的智慧召开头脑风暴。另外，我也多次作为献计献策的一方受到其他部门的邀请参加头脑风暴。

为了在需要的时候进行头脑风暴，员工平时就要积极和各部门打好关系，在其他部门培养自己的支持者。最理想的形式是：今天作为组织者开展头脑风暴为自己收集想法的人，明天作为提供想法的人去支持其他组织者，由此形成一种良性循环的关系。自然建立起组织者轮流交替的关系，这样的组织不但创新能力会变强，整体实力也会不断提升。

很多公司为了加强各部门的联系，在办公室的布局上下足功夫，例如在连接各部门的公共区域开辟可自由饮用咖啡的休息室，并在里面放置一块白板，大家聚集在一起喝咖啡时，若想就自己遇到的瓶颈找人商量，自然会来到白板前，在上面做些记录，其他人看到这幅场景也会参与进来，进而集思广益，大家一起提出想法帮助最初遇到问题的人。这是一种巧妙的设计，它让公司员工之间可以自然而然地展开讨论。这是一种在先进企业施行的，让头脑风暴发生于日常工作中的机制。

职场需要最前沿的想法和企划，然而光靠自己埋头苦思获得有创意的构思绝非易事。为了输出新的价值，有必要借用他人的智慧。此时一声号召就能将所有支持者聚集起来，集思广益、群策群力，拥有这种机制的企业不可谓不强大。

④由会议组织者决定想法是否采用。

通过头脑风暴能获得很多新想法。如何取舍这些想法取决于会议组织者。但如果不共享这一抉择过程，就会有不满的声音出现。

"我提出这么好的创意，那个人最后竟然没有采纳。"

这无疑是本末倒置，建议不要邀请这样的人来参加头脑风暴。因为只要邀请他来参加头脑风暴，就一定要听取他的意见，使用他的创意，这样无法帮组织者做出最佳判断。

无论自己提出的想法是否会被采纳。只要认为能够帮助组织者，哪怕是微不足道的意见，哪怕是天马行空的想法，参会者也不要胆怯，一定要积极参与踊跃发言。

讨论的目的在于收集意见并得出结论。相对而言，头脑风暴的想法是发散性的，因此要让大家畅所欲言。具体采纳哪个意见取决于组织者。自己的意见被采纳与否都不能心存埋怨。参会者必须遵守这样的原则参加头脑风暴。

能否让他人的大脑为自己所用，这直接反映在工作的速度和完成度上。如果能够灵活地运用头脑风暴，一个人苦思几日也想不到的创意，可能只需要1～2小时就能找到灵感。很多人并不了解讨论的价值，认为会议或者头脑风暴只是浪费时间，其实不然。如果感觉到思考内容超出自己的能力范围，积极地利用他人的智慧助力思考，就能起到很好的作用。尤其是创新型的工作，能否善用头脑风暴产生的效果天差地别。

是否有自然而然地开展头脑风暴的机制和自由开展头脑风暴的氛围也非常重要。要营造这样的企业文化并让它深入全公司，采用鼓励跨部门参与头脑风暴并表扬配合头脑风暴的员工的机制也非常有效。

　　另外，如果企业有一个让谁擅长什么领域与谁有什么经验一目了然的体制，就比较容易判断应该邀请谁来参加头脑风暴。即使参会人的关系不热，也容易找到话题展开讨论。员工可以参加头脑风暴为契机建立人际关系，形成跨部门的人际网；作为企业，也能够从中收获"知识网络"这一知识财产。这样一来，孵化出的智慧总和也会切实增加。

有效推进会议的首要原则

　　让会议顺利举行的首要原则就是有意识地区分并选用前文所介绍的3种不同类型的会议。

　　最理想的情况是分别召开这3种会议并事先告知参会者本次会议的性质。因为从最开始就切入对应的会议模式更容易达到会议目的。为此，建议会议组织者先宣布接下来举行的会议属于这3种会议中的哪一种，共享这一信息后再开始会议议程。

　　但实际上多数情况下1个会议包含了3种会议的要素。这种情况下，需要发表以下宣言，让参加会议的人切换思维模式。

　　"接下来我们将进行信息的共享。请务必把握说明的内容。"

　　"之后我们将进入讨论环节。让我们一起共享背景，找出最适合的结论。"

　　"接下是头脑风暴的时间，请不要有顾虑，畅所欲言。"

如果能够明确会议模式的切换，参加会议的人员也可以在切换的瞬间共享信息，了解自己需要做出什么样的行动，会议时间也缩短了，讨论内容的质量也得到提升。企业如果能够区分选用这3种会议模式，就会进一步发展壮大。

伦敦商学院的琳达·格拉顿❶教授是人力资源学和组织行为学方面的权威，她在著作《工作的转变》（*Work Shift*）中谈到了"同心协力，发起变革"的价值。它既涵盖了企业外部，也适用于企业内部，是内外兼修构建的庞大"人际网"的理念。

想要与他人共同协作创造出价值，就需要有自己擅长的领域和专业技能。因此，交友不要太过功利。要建立一个有机的朋友圈，遇到问题时可以相互帮助。想要借用他人的智慧，自己也需要成为他人的智囊团。以会议为起点进行互帮互助的组织是较为理想的。相互扶持的关系一旦在企业中建立起来，就能自然地营造出良好的企业氛围。

---

❶ 琳达·格拉顿（lynda Gratton）：世界顶级管理思想大师。她是伦敦商学院研究组织行为学的副教授，也是研究人力资源战略意义的全球性权威。——译者注

洞察人心：
实现自我驱动的组织变革

思考层次与成果随着日常沟通质量变化

　　组织沟通的质量并非一朝一夕之间就能改变，因为它扎根于人际关系之中。日常沟通可以如实地反映组织能力的强弱。如果人际关系僵硬，不论做什么都无法顺利开展下去。

　　麻省理工学院（MIT）的丹尼尔·金为我们阐述了这一关系，提出了组织的成功循环模型这一概念。他的观点是：为了提升结果质量，首先要改善关系质量。

　　很多企业引入了组织的成功循环模型（图5-3）这一视角，并尝试根据模型去探索机制、制度与措施，实际上我也接到了很多这方面的咨询。当然努力去实现的姿态是非常值得肯定的。但是很多企业对个人满足感这一关系质量的前提并不重视，实施对策时只是将焦点放在任务关系和个人关系的相互作用上，这样就很难顺利进展。接下来我就结合自己的实践经验，为大家说明如何实现组织的成功循环模型。

　　关于组织的成功循环模型，首先要说明的是该模型中存

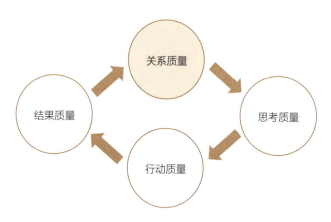

图5-3　组织的成功循环模型（丹尼尔·金提出）

在好的循环，即良性循环，也存在不好的循环，即恶性循环。

　　良性循环是这样一种循环：首先产生关系质量，员工相互尊重，认可结果，共同思考。由此引发思考质量，共享意识及主人翁意识。接着产生行动质量，员工积极主动地发起挑战。这样又会带来结果质量，即取得成果。关系质量会提升信赖关系，思考质量会产生更好的想法……正面的螺旋上升过程无限循环。

　　反之，一旦陷入恶性循环就很难从中逃离。恶性循环的过程如下：结果质量导致一味追求结果，即使想尽办法提升

洞察人心：
实现自我驱动的组织变革

也难以取得成果。由此导致关系质量问题，关系中充斥着对立、压制及命令。从而降低思考质量，于是员工停止思考，陷入被动局面，创造性思维更是无从谈起。长此以往，员工当然就会感到工作枯燥无味。这种情况下的行动就是质量，因为员工处于被动地位，所以他们不再积极主动采取行动。结果质量也会受到影响，即员工更加难以取得成果……负面的螺旋下降过程无限循环。

从组织的成功循环模型可以看出，光知道是不够的，还需要理解组织成员间关系质量的重要性。

那么要如何提升关键的关系质量呢？此时我们必须从以下2个视角来看待这个问题。一是个人满足感的视角，二是个体之间关系的视角。前者是提升关系质量的前提。如果个人在职场和工作上得不到满足，成员间互相尊重、相互认可就无从谈起，也做不到共同思考。因此首先要提高"个人满足感"。

目前为止我已经介绍了很多机制、制度与措施，基于这些机制、制度与措施，员工能感受到所属公司带来的满足感、工作价值带来的满足感、参与工作带来的满足感及作为公司一员的满足感等。

对社外规范和社内规范的共鸣也是如此。员工没有产生这种共鸣就无法喜欢上这家公司，也就不会发自内心地努力工作。另外，构建一个体制能够确认员工作为组织的一员是否在公司里有自己的容身之所，是否得到了工作伙伴的认可，是否受到尊重，这也很有必要。

本书将在附录中详细介绍马斯洛的人类需求五层次理论。每个人都希望自己及自己的工作被认可。因此，企业必须创建一个能够将上司、同事、相关部门与外部对员工工作的评价与感谢传达到位的机制。

在提高个人满足感的基础上，使用目标管理机制MBO让员工怀着高度的主动性为自己设立目标、自觉行动，考核者看到这种行动的结果，并将考核结果反馈给本人。在这样的过程中员工就会体验到工作中成长的乐趣。企业要让这些流程都够顺利地发挥作用，不能只着眼于"关系"采取措施，最重要的是首先充实机制、制度与措施，以提高个体的满足感。

另一方面，个体之间关系的视角指的是关系质量。为了做到相互尊重，认可结果，共同思考，就必须加强任务关系和人际关系两个方面。

洞察人心：
实现自我驱动的组织变革

任务关系正如在第2章中介绍日本瑞可利集团的制度时所述，比如通过工作，使各项目组成员之间建立知根知底的工作伙伴关系，团结一致共同推进一个大项目，并且长时间一起跟着项目走，让他们去体验建立关系的过程。企业要有意识、有目的地创造机会让员工可以通过工作走进彼此，建立良好的人际关系。另外，在讨论时共享推论过程，或者一起开展头脑风暴，也可以成为加深关系的契机。通过这些互动，可以看到具有个人特色的价值观，更容易了解每个人真实的性格特征，促进相互理解。

建立人际关系指的是加深工作关系以外的人际关系。从之前谈及的非正式交流处可得到启示。非正式交流是指建立在工作中的指示命令和业务探讨之外的人际关系基础上的沟通。

职场上可以通过非正式交流获取各种信息，传闻之类的信息也借由非正式交流扩散开来。因为是人与人之间的关系，所以不仅要加强联系，有时候也需要保持距离，由此来加强人与人之间的纽带连接。"酒桌上的交流"之所以还未消失，原因也在于此。第2章也提到过，最近刚起步的企业中，员工旅行、运动会等活动比之前也有所增加。员工旅行、运动会等活动重新被重视的原因在于企业意识到了建立人际关系的重要性。其要点在于要灵活运用正式交流和非正式交流。

如果能建立互相敞开心扉、互相接纳对方个性的人际关系，沟通质量将大幅提升。人与人之间的关系质量一旦改善，组织间的关系质量也会随之改善。这会为组织带来持续成长。

讨论和头脑风暴在推进通过工作建立关系方面发挥着重要作用。首先，讨论和头脑风暴过程中的沟通有助于打造正面的螺旋上升过程无限循环的职场，并由此提升职场的关系质量。其次，通过沟通可以进一步提高在讨论中共享推论过程的速度，同时也会增强心理安全感，使头脑风暴顺利开展，成员间碰撞思想火花，掀起创意旋风。紧接着组织全员的思考质量也会发生变化。企业员工目标一致且具有高度集体荣誉感，这时组织决策的执行力和行动力也会相应提高。如此一来，结果质量也会明显提升，企业就能发展壮大成为优秀企业。

本书第1章到第5章介绍了成为优秀企业需要的视角。最后在附录中将向读者介绍组织革新之际，洞察人心所需的基础知识。

附录

挖掘制定洞察人心的组织战略的 5 个源头

在思考能够增强公司实力的机制、制度与措施的过程中，最重要的是洞察人心。

不重视他人的想法，不体谅他人的情绪，这样的人何来追随者？公司经营者中也有对他人情绪敏感度较低的人。只是这类人往往能意识到自身问题，并在组织中为自己配备一个能够好好体察他人情绪的人作为帮手。如果一家公司里没有一个能理解他人心情的人，也许这家公司能取得一时的成功，但长远来看很难变大变强。

人是情感动物，如果不喜欢某样事物便会离开。如此一来，无论在公司累积了多少经验，受到多少栽培，这些成果都会随着员工的离开一并被带走，而无法保留在公司。

即使同样是100个人，积极性高的集体与积极性低的集体在相同人数下的表现却截然不同。哪一种集体更能成为优秀企业不言自明。

由此可见，无视人的情绪构建出的机制、制度与措施无法发挥作用。在附录中，我将深入挖掘制定洞察人心的组织战略的源头，尤其是从心理学的角度介绍一些通用性强，能够应用于实践的内容。

洞察人心：
实现自我驱动的组织变革

组织变革离不开追随者

领导力这个说法常被提及。所谓领导，是指对成员有影响力，能够发号施令，将成员们凝聚在一起，带领他们朝着同一方向前进的人。领导要发挥领导力当然需要追随者。追随者与他们的素质是组织能否顺利运行的关键。

追随者根据自己的判断，以实际行动追随领导，成为让团队成果最大化的力量。充分意识到这一点，在此基础上建立起来的组织能够更顺利地运行。

卡耐基梅隆大学的罗伯特·凯利教授在其著作《领导力革命》（*The Power of Followership*）中论述了追随者的重要性。他认为一个组织的成功，领导的贡献占比为10%~20%，剩下的80%~90%都取决于追随者，因此在重视领导的同时也不可忽视追随者的重要性。

罗伯特·凯利教授还指出，追随者需要具备贡献能力（积极参与）与提案能力（批判性思考）。贡献能力是指接受领导的指示，积极参与组织运行并努力为组织做贡献的意识与行动。提案能力是指以自己的方式验证领导的指示，时常提出建设性的批判和创造性的意见，并在必要的时候将它们准确传达给上司的意识与行动。

接下来我将介绍罗伯特·凯利教授所讲的不同类型追随者的特征，如附图1所示。

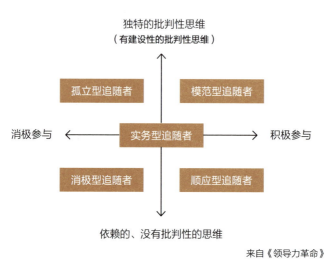

附图1　追随者类型

模范型追随者

这类追随者的特征是拥有独特的批判性思维，能够充分认识领导和团队，并自发采取行动，为组织和领导贡献包括智力在内的全部才能，有时也可以替补领导职务，承担上司的困难工作。在他人看来他们是独立意识很强，有自己的想法，能够提出创新的、有建设性的批判意见，并且能不胆怯地面对领导，还能够胜任本职工作以外工作的人。

模范型追随者兼具贡献能力与提案能力。对领导和组织而言，这样富于勇气与良心的员工是不可多得的人才。凭领导一己之力难以达成的目标，大家齐心协力也能够实现。

实务型追随者

这类追随者的特征是了解如何调动组织才能完成工作，在对问题的看法上比较注重平衡，为避免企业走极端而保持中立。在他人看来他们追求自我利益最大化，讨厌危险，为失败找好了退路，热情一般，以平庸的才能处理业务，会完成上司要求的工作，但绝不冒险去做要求之外的工作。

通常，实务型追随者常见于由于命令和计划缺乏连贯性而导致的不稳定的环境，上司和下属之间关系较为淡漠的环境，以及要求遵守规则和标准的环境。

孤立型追随者

这类追随者的特征是拥有独立想法的一匹狼，组织的良心，弱小派的同盟。在他人看来他们是问题制造者、嘲讽者与否定者，是不满分子（无理由对抗），也是顽固又缺乏判断力的人和不具备团队精神的人。

孤立型追随者对领导和组织有诸多不满，如"不能充分理解我的才干和想法，也不器重我""自己为领导和组织所用，却没有得到任何好处""包括自己在内的人受到了不公正待遇"。出现这种情况的原因多半在于期待没有被满足让这类人群感觉到被背叛，从而使得信任关系不复存在。

顺应型追随者

这类追随者的特征是爽快地接受工作，并愉快地完成工作，富有团队精神，信任领导和组织，并为他们所用，将摩擦控制在最低限度。在他人看来他们缺乏自己的意见，爱奉承讨好，过分谦卑，即使面临和团队一起跌落悬崖的危险也不喜欢冲突。其实想说"不"但是却会说"是"。

顺应型追随者的工作环境通常是"比起结果，服从既定命令更加重要""耀武扬威的领导和这样的企业风气横行""和管理者意见不合或者发生纠纷，则会受到惩罚"的环境。

消极型追随者

这类追随者的特征是他们认为应该依靠领导的判断与思考，应该按照上司的指示行动，麻烦的问题应该交给那些拿高薪的人。在他人看来他们只是按时来上班，但是什么都不做，不能完成任务，工作需要加强监督。同时他们通常被认为是对工作毫无热情，没有指示就不知道如何完成分配的工作，不为分外之事冒险的人。

消极型追随者一般会有如下想法："组织并不会重视你的意见""领导只会按照他自己的想法办事""即使做出努力和贡献也无济于事"。

在此我介绍了追随者的各种类型，其中，除了模范型追随者，其他类型的追随者可能出现在担任领导职务的经营层、经营层及经理等人创造的工作环境中。当然，追随者的类型很多时候取决于个人性格，但也并非一成不变。例如，给组织带来负面影响的孤立型追随者，如果能够建立起与上司、公司间的信任关系，转变为模范型追随者也不足为奇。越优秀的员工对上司所抱的期待就会越大，期待得不到满足的时候失落感也更加严重，这种情况下转而成为孤立型追随者的可能性很高。因此，需要有意识地细心呵护模范型追随者，以保证他们始终如一。

是成为为组织做贡献的人，还是成为破坏组织集体感的人，也许只是一念之差，但员工会走向两个截然不同的方向。领导者应该时常留心职场氛围，以及自己与各成员之间的关系，创造一个能培养出模范型追随者，并避免他们走向歧途的环境。

担任领导职务的人务必要竭力培养模范型追随者。如果一位领导者身边有两名以上模范型追随者，组织运行会容易很多。

例如，领导在会议上提出新方针之时，模范型追随者会接受这个方针并提出自己的实施策略，然后用自己的话传达给其他人。如果模范型追随者认为还有对该方针半信半疑的人，那么他会在会议结束之后向对方说明领导的意图。领导责骂那位成员的时候，模范型追随者会告诉他领导这样做的原因，对他抱有很大期待所以才会这么做。如果员工能像这样起到润滑剂的作用，将有利于组织的顺利运行。

瑞可利集团在排位的时候，综合判断员工的等级、年资、岗位经验，将每个部门排名第一的人称作"01"，排名第二者则称作"02"。"01"和"02"的主要作用是追随部门经理，这似乎已经成为一条正式规定。因此，"01"和"02"会竭尽全力成为模范型追随者。

部门经理会把"01"和"02"当作组织运行的搭档来对待，因此，这二人自然而然会向经理学习，其效果类似于接受预备经理的训练。

这些人在其他企业里，可能就相当于组长或者类似级别的人。非正式指定也好，正式任命也好，重要的是意识到接班人必须是模范型追随者。只是，受限于个人性格和能力，有些人无法成为模范型追随者，企业认清这一点尤为重要。

关于追随者的论述中尤其要注意的是，追随链是构成组织能力的关键。

除了企业高层，每个职位或多或少扮演着追随者的角色，要让企业成员们强烈意识到这一点。各部门负责人除了是该部门的领导，同时也是上司的追随者。只有这样，组织的纵向关系才能顺利发展。

很多管理培训中会加入关于管理要素和领导职责的内容，却鲜少涉及教授员工作为追随者支持上司的意识与行为的相关内容。模范追随者才能让领导充分发挥作用，换言之，追随者才是组织运行的中心人物。

如果你是领导者，请务必认清支持自己的模范型追随者是谁。另外，在和其他成员面谈的时候，如果希望对方担当领导职责，建议询问对方他的模范型追随者是谁。如果对方回答"没有合适的人选"，那么一定要和对方好好商定关于模范型追随者的指定和培养问题。如果没有这样的人，单靠自己孤军奋战无法形成良好的团队合作。

管理学家彼得·德鲁克在其著作《卓有成效的自我管理》（*Essential Drucker on Individuals: To Perform, to Contribute and to Achieve*）中就有效领导的基础是什么做了如下论述："充分考虑组织使命，并以可见的形式将其确立下来。领导是制定目标、决定事情的优先顺序、制定并维持标准的人。"

"领导者和非领导者的区别在于目标。受到政治、经济、财政、人事等现实条件的制约而必须妥协的时候，做出的妥协是和组织使命、目标保持一致还是相违背，这决定了一个人能否成为领导者。"领导者身边是真正的追随者，还是仅仅是机会主义的献媚者，这取决于领导者能否以身作则，遵守企业行为准则。

要发挥真正的领导力，领导者需要的不是一味服从的人，而是能够理解他们的人。作为一个信奉者发挥模范带头作用，这样的人不可或缺。

使个人动力最大化

"Self-efficacy"是由社会学习理论的创始人班杜拉[1]提出的概念，译为自我效能或者自我效能感。自我效能感是指个体对自己具备达成目标的能力的感觉。这种感觉与自信密切相关，是迈步向前的勇气。

自我效能感越高，人采取实际行动的可能性也就越高，同时也会有很强的信念感：不懈努力，不管经历多少失败和困难都不轻言放弃。

人要面向困难采取实际行动，需要两个要素。第一个要素是结果预期（附图2）。结果预期是指预测某个行为可能产生的结果。例如，掌握了某种知识和技能，能够预期其结果是从事相关行业。对这种关联性的期待越大，人越会努力采取行动。

另一个要素是效能预期（附图2）。效能预期是指对自己

---

[1] 阿尔伯特·班杜拉（Albert Bandura，1925—　）：新行为主义的主要代表人物之一，社会学习理论的创始人，认知理论之父。——译者注

能否成功地从事某一活动所做的推测和判断。如果感觉不到自己能够做好，人是不会采取行动的。反之，如果有"我能做到""我也可以"这种感觉，即使难度很高也能够迈出第一步。这种"我可以"的感觉正是自我效能感。

创造自我效能感的基础有如下4点：

成功体验

成功体验是指自己达成某个目标的成功经验。哪怕是微不足道的成功，只要有通过自身努力跨越障碍实现目标的体验，人就会变得更加强大。

代理体验

代理体验也称为"模式化"，是指观察他人达成某个目标的成功经验。在观察过程中代入自己，进行模拟体验和想象体验至关重要。

言语劝说

言语劝说是指被第三者评价自己是有能力的。语言上的鼓励能带给人自信和勇气。

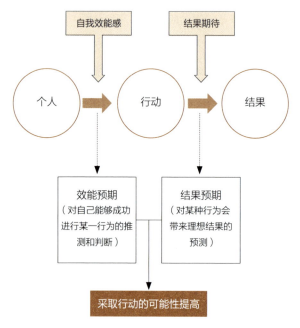

附图2　自我效能感

生理状态

生理状态是指身心状态良好。如果身心状态不好的话，人就会失去前进的动力。

就工作而言，这4点中的成功体验和代理体验尤为重要。在与上司和周边人的关系方面，言语劝说则是关键。经常有企业经营者向我咨询，他们认为经理并没有采取行动让整个公司的员工参与进来并改变公司。然而，我询问经理后发现，他们大多数人并未意识到引导全公司参与并改变公司的行为是有利于未来发展（结果预期）的，也有人认为如果做得不好反而会对公司造成负面影响。另外，即使有心去做，如果此前从未做过的话，不知道该从何做起（效能预期）。

改善这种情况需要做到以下两点：

其一是积累成功经验。要诚恳地告诉对方"正因为把你当作未来的领导来期待，才希望你能带领全公司进行改革"。首先致力于小成功，有了这样的经验之后，就能在很大程度上增强自信。

其二是进行模拟体验，想象通往成功的道路。具体来讲，深入理解迄今为止董事和部长们对公司进行的变革，通过想象来体验这个过程。有了想象便有了采取行动的勇气。

此外，来自公司高层和上司的言语劝说也很有效。"你经验丰富且思考周密，这件事交给你办，我很放心。"这样的鼓励会给人带来很大的勇气。

我非常重视自我效能感这一概念，个人的自我效能感一旦提高，组织的整体实力也会大幅提升。而且，对个人而言不仅仅是工作，也会涌现出面对自己的事业和人生的勇气。

现代社会中工作并非独立存在，它与个人的事业及人生紧密相连，因此我想将重点放在生涯自我效能（Career Self-efficacy）这一概念上，因为它是我们积极挑战新职务，充满干劲地参与有社会影响力的工作的源头。企业要时刻意识到自我效能感，只有创建这样的管理模式和机制、制度与措施，才能真正成为实现成员自我驱动的组织。

不满多来源于尊重需求未得到满足

实现组织变革需要洞察人心，在这方面美国心理学家亚伯拉罕·马斯洛❶提出的人类需求五层次理论（附图3）很有参考价值。

马斯洛认为"人类是向着自我实现不断成长的生物"。在此基础上他将人的需求分为五个层次并以金字塔结构来呈现。其中，生理需求和安全需求这种低层次的需求得到满足后，人便会为了满足更高层次的需求而采取行动。在此我将由低到高逐一说明这五个层次的需求。

生理需求

生理需求是人类维持自身生存的最基本要求。因为想吃、想睡等生存目的而产生的本能需求。

---

❶ 亚伯拉罕·哈罗德·马斯洛（Abraham Harold Maslow 1908—1970 年）：美国社会心理学家、比较心理学家，人本主义心理学（Humanistic Psychology）的主要创建者之一，心理学第三势力的领导人。——译者注

安全需求

安全需求是人类保障自身安全，想要遮风避雨的房子，想要健康等对最低限度生活的需求。

归属和爱的需求

归属和爱的需求是指回避孤独，成为某个群体的一员，找到接纳自己的地方，找到可以分享的人的需求。

尊重需求

尊重需求是指被他人认可、尊重的需求，也称作自尊心需求。如果这种需求得不到满足，人会产生焦虑感、自卑感和无力感等。

自我实现需求

自我实现需求是指将注意力从他人的认可转移到自身行为与成长上，"我想完成这样的事""我想创造这样的世界"等，像这样通过发挥个人能力来实现自我成长的需求。这是人类需求五层次中位于最上层的需求。

在这五个层次的需求中，生理需求和安全需求是物质需

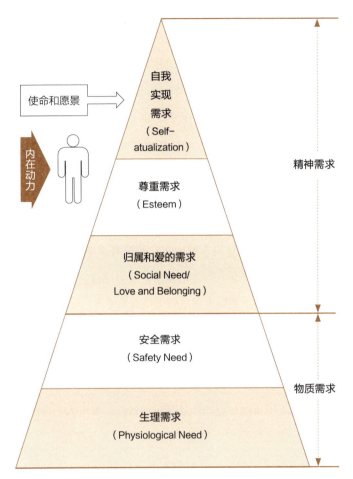

附图3　马斯洛的人类需求五层次理论

求，归属和爱的需求、尊重需求、自我实现需求则是精神需求。

此外，从动机的观点来看，生理需求、安全需求、归属和爱的需求、尊重需求四者源于缺乏性动机，也就是为了弥补自己欠缺的部分而引发的行为。但是，自我实现需求则不同，其动机是成长性动机。前四项需求得到满足之后，激发人行动的动机便不再是填补缺失，而是发挥自身能力，追求自我成长。

那么，以成为优秀企业为目标制定企业机制、制度与措施之际要如何活用该需求理论呢？我试着思考了这个问题。组织问题暴露了理想与现实的差距，要解决这一课题，需要从归属和爱的需求和尊重需求两个视点来考虑。

首先是归属和爱的需求。如果员工能感觉到在公司待着自在舒适，就很容易成为公司的伙伴。反之，如果没有这样的感受，则很容易对公司、上司及同事产生逆反心理。每天早起去一个不接纳自己的职场是一件痛苦的事，人不可能对带给自己痛苦的公司心怀好意。了解员工的这种情况之后，上司和人事部门必须介入，找到其中的原因并立刻解决问题，努力为员工创造一个舒适的工作环境。如果是员工之间有什么不愉快的话，企业应该尽力为他们创造沟通机会。如果员工无法掌握工作内容，则可以改变指导者或者改变指导方式，通过这样的形式来帮助员工，使其在工作上能赶上其他同事。

如果因为员工不同的性格类型而造成压力，无法在职场上游刃有余，那么企业应该利用分析行为特征和思考特征的工具，让员工学习并共享"彼此之间并无恶意，只是因为性格不同而产生了摩擦"的理念。同时，企业还需要告诉员工，正因为每个人的性格不同，才能互相影响，发挥协同效应。

测量行为特征和思考特征的工具很多，在此我将介绍其中两个具有代表性的工具。其一是由美国心理学家威廉·莫尔顿·马斯顿博士提出的DISC模型，该模型在世界范围内得到推广并广泛应用。其二是美国心理学家伊莎贝尔·布里格斯·迈尔斯和她的母亲凯瑟琳·库克·布里格斯制定的MBTI指标。

关于DISC模型，读者可参见附图4。它分为4个象限，每个象限代表一种性格特征，它们分别是：①主导：Dominance；②感化：Influence；③谨慎：Conscientiousness；④安定：Steadiness。

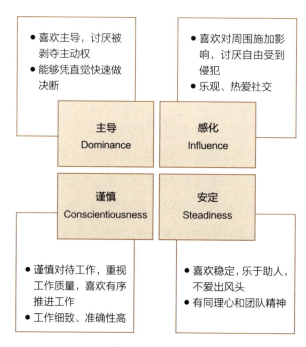

附图4　DISC模型

注：现在的DISC模型是在马斯顿博士创建的DISC模型基础上进一步发展而来，并公开发布在众多人力资源企业的主页上，在此我对它们进行了大胆归纳，得出本图。

MBTI是由4项指标构成的。它们分别是认知方式（感觉和直觉）、判断方式（理性和感性）、注意力方向（外向和内向）、生活方式（主观和客观），像这样把人的性格类型从4个维度、8种行为偏好分为16种类型。

这样的工具不仅能帮助我们分析个人，也就是某人属于某种类型，在团队中共享分析结果，还能增进相互理解，改变团队成员对彼此的看法，如"原来如此，难怪那个人的想法和行为跟我不一样"。灵活运用这些工具能够有效缓解成员们的压力，让大家都能找到各自的舒适区。采取各种手段帮助成员们找到自己的舒适区是组织顺利运行的大前提。

其次是"尊重需求"。首先要理解，现实中并非每个人都有自我实现需求。对很多人来说只要"尊重需求"得到满足就已经足够了。到达自我实现需求这一层次的人，是创业者们，认真践行企业理念的领导们，抑或是追求社会价值和工作意义的一部分人。企业中大部分人在这之前就满足了。然而这并非坏事，因为得到大家认可与尊重就已经足够出色了。

认识到这一点之后，我们就不难理解得到上司、同事、相关部门及顾客认可的重要性了。鼓励大家互相表扬，将感谢的心情写在卡片上交给对方、使用在线应用软件进行交流等措施都是基于尊重需求的目的而形成的。

为了把学到的知识分享给大家而发表工作成果，这也是满足"尊重需求"的一个机会。此外，掌握专业知识的人担任老师，面向公司里有意学习者召开学习会，同样是感受来自他人认可和尊重的一种方式。满足"尊重需求"的机制、制度与措施多多益善。该需求得到满足后，员工的满意度也会大幅提升。

最后，关于物质需求（生理需求和安全需求）想告诉大家的是，人在担心自己被解雇的时候，会想方设法在职场里营造某件事情只有自己能做的氛围。

人一旦陷入食物、安全的住所等得不到满足的恐惧之后，就会无意识地想要把自己的工作"黑箱化"，即不告诉任何人业务的核心部分，只有自己知道，以此来确保自己的生存空间。

事实上，我遇到过这样一个案例。有一个员工的工作目标是支付孩子上大学的高额学费，当他的顶头上司换人之后，他又达不到新上司的要求，他们担心会因此被解雇，从而把自己的工作"黑箱化"，以致没有人可以接手。

因此我建议上司对其进行安抚，告诉员工公司没有将他解雇的打算，这个部门一定有他的一席之地，从而让他能够安心工作。实际上,上司和员工面谈几次,建立起信任关系之后,就能打消对方"黑箱化"的念头。如果员工切实感受到自己能够持续从事这份工作,不仅不会"黑箱化",还会将自己积累的业务知识倾囊相授。

企业一旦出现"黑箱化",就会有这位员工离开之后业务陷入停滞的风险,在增加上司管理难度的同时也会对工作的持续性(Business Continuity Plan,BCP)构成阻碍,这会导致全公司的风险上升。因此,我尤其希望公司经营者和人事负责人能够理解员工的这种心理。因为人只要不能确保自己处于一个安心、安全的环境中,就会采取"黑箱化"这种物理办法来捍卫自身地位和生存空间。

马斯洛的人类需求五层次理论广为人知,对企业创建能够洞察人心的机制、制度与措施也有极大的参考价值,我们应当时刻记住这一概念并在工作中灵活运用。

点燃作为主体性源头的内在动机

组织成员若是能够发挥主体性，这个组织便是体现了"人的自我驱动"的理想组织了。主体性是指人按照自己的意愿及判断力行动的态度与特征。企业中能够发挥主体性的成员越多，企业就越强大。

组织中驱动他人的方法大致有如下3种：

①通过指示和命令驱动他人。

②提出附带交换条件的报酬来驱动他人。报酬不限于金钱，也包括晋升等。

③创造他人自我驱动的环境。这是最理想的状态。

要了解这3种方法之间的关系，需要明确外在动机和内在动机两个概念。

外在动机是指将产生动机的主要原因构建在金钱、评价、赏罚、名誉等外部刺激的基础上。例如，为了得到奖金而达成目标；为了获得晋升而努力工作；为了通过升级考试而好好学习……这些都是为了达到某个目的而产生的动力。

内在动机则是指不为金钱，不为免于责骂，与得失无关，而是人出于内在的对某事的关注与兴趣产生的行动意愿。基于内在动机的行动，其目的在于行动本身。

举一个简单的例子，读书若是因为自己享受其中，这是源于内在动机，如果只是为了学习，为了考试合格，则是源于外在动机。

企业倾向于活用外在动机，比如为达成销售目标的团队提供高额奖金。日常管理中也有很多建立在外在动机基础上的事例。

"这次好好努力，如果能完成目标的120%，奖金是普通员工的1.5倍。拜托了!"

"这次完成目标的话有望升职，所以希望大家这半年能够不顾一切地努力工作。这半年是决定成败的时候。我说这些都是为了你们。"

就这样自然而然地、无意识地说出具有外在动机性质的话，从而使得这种氛围在公司内蔓延开来。

然而，报酬具有依赖性。除非不断提高奖励金额，否则员工的积极性便会逐渐消退。虽然领导很清楚这一事实，却还是不寻求其他方法，而是反复使用同样的招数。因此，应当及早意识到外在动机的弊端，鼓励内在动机。为此有必要理解促进内在动机的几大要素。

心理学家德西和瑞安在自我决定理论（Self-determination Theory）中指出：人生来就具备三大需求，即想要发挥自己的才能（能力感）、想自己完成某事（自律性）、想与他人产生联结（关联性）。这三大需求得到满足的时候，人就会充满动力，有生产性，同时还能获得幸福感。反之，如果这些需求得不到满足，那人的动力、生产性、幸福感都会急剧下降。下面我将简单说明这三大需求。

(能力感)

通过某项工作感受到自我成长，获得我能够做到的成就感。

(自律性)

并非听从某人的指示或命令，而是自己决定做某事。

洞察人心：
实现自我驱动的组织变革

关联性

和目标一致的伙伴互相交流、互相鼓励。

要想提高人的内在动机，满足这三大需求格外重要。

另外，丹尼尔·平克 [1] 在其著作《驱动力3.0》（*Drive: The Surprising Truth about What Motivates Us*）中介绍了有助于提升自主性的4T。自主性是指不依靠他人，自己解决问题的特性。下面我将简单介绍4T。

课题（Task）

员工自己决定工作内容（某些企业鼓励员工灵活安排工作时间，留出一部分时间钻研自己感兴趣的课题）。

时间（Time）

员工自己决定工作时间和地点（废除全勤奖制度和打卡制度）。

---

[1] 丹尼尔·平克（Daniel H. Pink）美国人。《全新思维》的作者，畅销书作家，《纽约时报》《哈佛商业评论》《快公司》和《连线》杂志撰稿人，美国前副总统戈尔及白宫行政部门演讲稿撰写人。——译者注

方法（Technique）

员工自己决定工作方法和程序。

团队（Team）

员工自己决定工作搭档，能够和想合作的人一起合作。

也就是说，在工作中体会到自己的能力和成长感很重要。为此，企业需要创造一个让员工自己决定做什么、什么时候、在哪里、和谁、怎么做的环境。而且，目标一致的人互相鼓励有助于提高彼此的积极性，发挥人的主体性。

企业为员工制定目标的时候，并非把目标强加给员工，而是让对方自己思考，在此基础上和主管共同商定目标。但是决定我要做这件事的人是员工本人，这一点至关重要。决定工作方法的时候也是如此，如果有多种方法可以达成目标，那么管理者应该让员工自主选择。认为员工的一切行为都要按照自己的要求来的上司必须改变自身想法。另外，新项目的成员也应该尽量由该项目的负责人自己决定。即便不能完全符合自己的意愿，亲自参与其中带来的满足感也是不一样的。

提高员工积极性，还必须让员工认可工作本身的价值。

这一点在本书前面内部规范与外部规范部分已经做了说明。让员工的梦想和使命与组织的使命保持一致，认识到公司和工作对个人职业生涯意义重大。同时牢记促进内在动力的要素，在此基础上制定企业的机制、制度与措施。只有理解了上述概念，企业才能建立起使人自我驱动的组织战略。

实现组织变革的变革管理

■ 以变革不易改变的企业文化为目标

制定了能够洞察人心的机制、制度与措施并不意味着企业会因此而自动改变。正如第4章中介绍的FR公司的案例一样，企业是在持续实施相应机制、制度与措施的过程中逐渐改变的，全员需要做好这样的心理准备并认真采取行动。在此，我想归纳并整理组织变革中应当事先知道的一些原则。首先要介绍的是社会心理学家库尔特·勒温提出的三阶段变革模型。

阶段1 解冻（Unfreezing）

告知成员们组织变革的重要性，打破过去的组织体制、业务流程、关联性及系统等。换言之，要树立"旧的企业文化和工作方式不再通用，不做改变公司则没有未来"这样的危机意识。因为要改变一直以来的价值观，所以变化的推动力越大，带来的不安也就越大，相应地，受到的阻力也更

洞察人心：
实现自我驱动的组织变革

大。为了不受到阻力的影响，全体员工有必要认识组织变革的重要性，明确对未来的愿景，加强员工之间的相互交流，有时也需要让有影响力的人参与进来。

阶段 2　变革（Moving）

变革是全体成员学习新的行为准则及新思维方式、工作方式的过程。这一阶段，除了共享未来的发展蓝图，还要结合实际改变行为模式。也就是说，实施基于新思想的组织体制变更，引入顺应新思想的机制、制度与措施，理解这两点之后，组织成员的行为就会与新的价值观保持一致。

阶段 3　再冻结（Refreezing）

再冻结是将变革的内容在组织中固定下来，形成惯性的过程。为了建立新的行为准则和思维方式，企业需要不断强化新行为与新思维。例如，企业着眼于以新工作方式取得成功的案例，让员工感受到其意义所在。这样员工才会认可并按照这样的方式工作，使得成功案例不断增加，并最终将这种成功方程式在组织内推广并固定下来。要注意的是，本阶段还需要树立新的企业文化。

此外，关于变革的具体顺序，在此想向大家介绍约翰·科特❶提出的有效变革的8个步骤。

步骤1　提高危机意识。

步骤2　组建一支推动变革的团队。

步骤3　制定蓝图和战略。

步骤4　广泛宣传变革的愿景，以受到大家的认可。

步骤5　促使员工自觉行动。

步骤6　取得短期成效。

步骤7　活用成果，推动变革进一步向前。

步骤8　将新方法深入企业文化并固定下来。

约翰·科特的这个有效变革的8个步骤理论是在勒温的三阶段变革模型基础上进一步细分而来的。

当然，现实中组织变革并非完全按照这样的顺序进行。如果组织内有很多"保持对产品的自信""打破组织壁垒""改变上情下达的习惯，保证每个人都能发出信息""将自己的成果推广到全公司"这样的课题，就不得不

---

❶ 约翰·科特（John P. Kotter）：领导变革之父。举世闻名的领导力专家，世界顶级企业领导与变革领域最权威的代言人，他的核心思想是领导与变革。
　　——译者注

洞察人心：
实现自我驱动的组织变革

同时推进这些课题。然而，每个课题受到的阻力和外在表现不同，所以根据其应该改革的部分，各课题进展的步伐并不一致。

所谓组织变革，就是在解开相互缠绕、错综复杂的线团的同时兼顾眼前与未来，这是一个呕心沥血、全力以赴的过程。正因如此，进行组织变革的时候，即使不能完全知晓各个步骤的概念，也必须明确目前所处的阶段及通往目标的道路。

■ 改变不愿改变的员工和部门

为实现组织变革，企业需要实施新的机制、制度与措施，也许一开始并无明显效果，此时即使沮丧也不要放弃，更不能因此放缓改革的步伐。组织和职场的氛围并非一朝一夕就能改变，但是支持者超过一定比例之后就能迎来转折，急速推进改革进程。

我们把情况突然发生转变的节点称为阈值。阈值指的是变化需要的累积量，到达这个阈值之后就会引发具体行为和评估标准等的改变。三菱综合研究所经营计划研究室发表的《四分之一管理》（Quarter Management）中提到组织风气改变的阈值大概是25%。如果25%左右的人接受了不同的文化、价值观和思维方式，企业整体就会开始改变。当然，企业现状和改革内容不同阈值会有差异。但可以肯定，累积量超过一定比例后会加速变化。

为了便于理解，我们假设这样一个例子。有一家公司的员工早上进入公司的时候没有互相打招呼的习惯，而领导觉得。职场里大家应该相互关心，因此想着手解决这个问题。那么首先要从有意改变的人做起。早上进入公司的时候大声跟大家打招呼，一开始没有任何人回应，但是不放弃依然坚持每天早上这样做，终于有一天有人小声回应，就算只有一个人回应也坚持这样做下去，渐渐地就会有更多人回应。其实大家都在暗中观望，发现有很多人回应之后其他人也会获得一种安心感，想着要不我也试着像那个人一样主动跟大家打招呼。如果一开始就害怕得不到回应而不去尝试的话，人与人之间的相互寒暄则无从谈起。相互问候的人达到20%～25%，周围的人也会慢慢加入进来，职场氛围正是从这时候开始改变的。

埃弗里特·M. 罗杰斯[1]在其著作《创新的扩散》(Diffusion of Innovations)中提出了创新扩散理论。该理论分析了新概念、新习惯、新商品等的传播过程,从消费者购买商品的态度和他们购买新商品的顺序,将采用者分为5种类型,如附图5所示。

①Innovators:创新者(2.5%)。

②Early Adopters:早期采用者(13.5%)。

③Early Majority:早期追随者(34%)。

④Late Majority:晚期追随者(34%)。

⑤Laggards:滞后者(16%)。

这个创新扩散理论主要应用于市场营销,但我想它同样适用于组织变革。因为新事物诞生之际往往会出现这5种类型的人。

创新扩散理论加上之前的阈值理论,再结合我个人的经验来看,新事物的普及率到达16%左右时组织内就会产生动摇,随后这一数据日益增大,到达阈值的基准25%之后,便会突然发生很大的改变。这是我参与众多的组织变革之后的

---

[1] 埃弗里特·M. 罗杰斯(Everett M. Rogers,1931—2004年):当代美国最著名的传播学学者之一,同时也是有名的社会学家、作家及教师。——译者注

体会。在到达阈值之前不能心急，要耐着性子继续坚持，在此过程中让更多人理解变革的意义，这才是组织变革的王道。

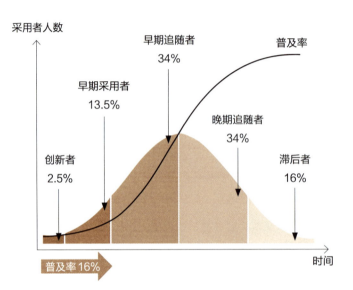

附图5　创新扩散理论的5种类型

注：埃弗里特·M. 罗杰斯的创新扩散理论介绍了传播新概念和新商品之际采用者的5种类型。刚开始新事物的扩散速度很慢，当采用者到达一定数量（临界点）之后，扩散速度突然加快，进入起飞阶段。采用者人数继续增加，到达饱和点之后扩散速度又会逐渐放缓，整个过程呈S形曲线。

洞察人心：
实现自我驱动的组织变革

在此我还想介绍组织变革，也就是变革管理的另一要点，那就是在反对者及旁观者众多的情况下，改革创新同样势在必行。

原本企业就有人事任命权，即雇主有权决定员工的职位和待遇，因此变革和引入新事物都相对容易。但像NPO这种非营利组织，即便有组织架构图，也不能保证成员们会服从指示。为了更好理解，大家可以试想一下类似商业街管理会这样的组织，这类组织的成员倾向于将自身利益摆在第一位，不会轻易服从命令。这类似于志愿者团体，这类团体中没有明确的上下级关系和绝对的命令权。和企业相比，在这类团体中指挥他人相当困难。在这类很难达成统一意见的组织中推行改革要注意什么呢？解开这个问题后，也能将答案应用于企业变革，益处良多。

举一个例子，某个正走向衰落的商业街管理组织中，少数人希望借由改革让商业街恢复活力。然而很多商家因为不愿意冒风险而持反对意见。虽然他们能隐约感觉到维持现状只会使形势更加严峻，却没有改变的勇气。这种情况下，推行改革的人要以身示范，从自己做起。当然，一次成功并不现实。然而，如果能在不断重复PDCA循环的过程中找到开启成功之门的钥匙，不久之后就会接连迎来小成功。

下面进入正题。在反对者和旁观者众多的组织中推行变革的要点之一是不断给反对者提供信息。为什么要这样做呢？这种心情也并非不能理解，我们可以将它看作拉拢反对者，争取他们成为伙伴的第一步。就算一直强忍住内心的不情愿，也要告诉他们变革的进度及取得的成果。

反对者通过这些信息意识到改革是有可能成功的。于是，他们当中部分人会说："我们一起做吧。"这就是组织变革的要点之二：即使心里想责怪对方，也要忍住情绪接纳对方。这一切都是为了组织改革，为了取得更大的成功。

如果大家知道新人加入并取得成功后，就会有更多的人说"我们一起做吧"，甚至有人会说"我们从一开始就认为会成功的"。在此要强调的是组织变革的要点三，那就是这种时刻不能生气。即便想反驳反对者，你也必须克制，转而微笑着告诉对方"是啊，我们也刚开始，一起努力吧！"这种肚量是成败的关键。要实现更宏伟的目标，你就必须学习成熟的待人接物之道。

如果因为性子急而没有做到这三点中的任何一点，改革无法取得成功。要实现组织变革首先要有自己的志向，和能够产生共鸣的人一起做事。即使一开始反对的人，如果之后转变想法加入进来，也要快速接纳他们，这样理解者和共鸣者才会增多。反之，如果指责这些后来改变主意的人，即使大家仍在同一组织，他们自然能感受到周围的这种眼光。不把他们笼络进来，组织的分裂感就会一直存在。

优秀企业需要像这样洞察人心，在此基础上采用有效的机制、制度与措施并不断推进，直到为其注入灵魂，使其发挥作用。

至此，我已经将成为优秀企业的相关知识分享给了各位读者。然而，对读者而言恐怕还是有空中楼阁、纸上谈兵的感觉。最后我想告诉大家，实现组织变革需要具备对于漫长的成功之路的想象力。这就像写剧本一样，因此我把它命名为剧作能力。希望各位读者能以本书为参考，自己书写成为优秀企业的剧本。

后记

通往成功的剧作能力决定成果

组织变革需要具备对于漫长的成功之路的想象力。因为这和写剧本有相似之处，因此我把这项能力称为剧作能力，这在附录部分做过介绍。要改变企业的哪些部分？按照什么样的顺序改变？需要创作这样一个内容缜密的剧本。

然而，改变企业绝非易事。你要下定决心书写剧本，将其中的内容付诸行动。偶尔也要改写剧本并重新实践。不断重复以上过程，企业才会出现变化的苗头。改变企业就是这样规模庞大又需要毅力的事情。可以说，组织变革既需要建立在剧作能力基础上的机制、制度与措施，也需要破釜沉舟的勇气。

我的工作是经营顾问和组织人事顾问，因为工作关系认

洞察人心：
实现自我驱动的组织变革

识了各类商界人士。我发现工作能力强的人大多具有很强的剧作能力，即使在通往成功的路途中陷入不按剧本发展的状况，也能立刻想出新的剧本，从而使工作重回正轨。

对今后的商界人士而言，剧作能力将成为一个关键词。正如前言部分谈到的"不驱动他人，而是创造他人自我驱动的环境"，管理方并不愿意成为为了自身利益不断驱动员工的企业。

企业发展应有益于员工的成长和事业规划。可以说为了实现人与企业的价值交换，人和企业必须是双赢互利的关系。因此，企业必须制定有助于构建这种关系的机制、制度与措施。

我不仅是企业的经营顾问和组织人事顾问，也是日本一级职业咨询师，作为拥有职业顾问协会认定的指导资格的职业顾问，我在帮助个人进行职业规划。同时我也与企业签订合同，以个人职业顾问的身份帮助企业成员进行个人职业规划。

于我而言，经营顾问（包括组织人事顾问）和职业顾问是相辅相成、缺一不可的。如何描绘企业的未来与个人的未来？这也需要我的剧作能力。根据我的描绘，企业和个人决定前进方向，向着目标不懈努力，并取得相应的成果。

作为经营顾问，我希望帮助企业增强实力，成为对员工来说有魅力的企业。

作为职业顾问，我希望帮助个人实现自立与自律，在企业提供的舞台上大放光芒，找到工作意义，开拓自己的事业。这不仅有益于个人的人生，也有益于企业的组织战略。我希望能够迎来这样的社会，这也是我撰写本书的目的。

此外，书中大篇幅介绍的 FR 公司的案例，展现了该企业向全球性企业转变的初期阶段的状态，我想将它作为现代商业史的宝贵一页记录下来。这是一个为实现变革突破重重壁垒，最终成为优秀企业的案例。这样的案例具有极高的参考价值，对不同时代的人都有帮助。在此要感谢日本实业出版社的各位给了我一个通过本书向大家传达自己想法的机会。

最后要向读到这里的各位读者表示由衷的感谢。以成为优秀企业和让人自我驱动的组织为目标，制定具体的机制、制度与措施。如果本书能作为这方面的参考书对大家有所帮助，我将倍感荣幸。我无比希望本书能帮大家在组织变革进程中迈出一大步。